AF497427

# LE
# PÈRE JOSEPH

## ET

# LE SACRÉ-CŒUR

PAR

## L'Abbé Louis DEDOUVRES

DOCTEUR ÈS LETTRES
PROFESSEUR DE LITTÉRATURE LATINE AUX FACULTÉS CATHOLIQUES
DE L'OUEST
AUMÔNIER DU CALVAIRE D'ANGERS

ANGERS

GERMAIN & G. GRASSIN, IMPRIMEURS-LIBRAIRES

*de Monseigneur l'Évêque, du Grand-Séminaire et du Clergé*
40, rue du Cornet et rue Saint-Laud

1899

# LE PÈRE JOSEPH

ET

## LE SACRÉ-CŒUR

# LE PÈRE JOSEPH

## ET

# LE SACRÉ-CŒUR

PAR

L'Abbé Louis DEDOUVRES

DOCTEUR ÈS LETTRES

PROFESSEUR DE LITTÉRATURE LATINE AUX FACULTÉS CATHOLIQUES
DE L'OUEST

AUMÔNIER DU CALVAIRE D'ANGERS

ANGERS

GERMAIN ET G. GRASSIN, IMPRIMEURS-LIBRAIRES

*de Monseigneur l'Évêque, du Grand-Séminaire et du Clergé*

40, rue du Cornet et rue Saint-Laud

1899

# A

*la Très Révérende Mère*

## Saint-Jean de la Croix

*Supérieure générale*

*de la Congrégation des Religieuses Bénédictines*

*de Notre-Dame du Calvaire*

# LETTRE

DE

## S. G. M<sup>GR</sup> RUMEAU

ÉVÊQUE D'ANGERS

———

*Angers, le 8 avril 1899.*

*Monsieur l'Aumônier,*

*Recevez mes félicitations pour votre travail sur le P. Joseph et le Sacré-Cœur. Ce sont des pages à la fois très instructives et très édifiantes. Elles ajouteront à la gloire de votre héros, que vous nous montrez comme l'un des précurseurs les plus éloquents de la dévotion au Sacré-Cœur, telle qu'elle fut révélée plus tard à la Bienheu-*

*reuse Marguerite-Marie. Elles auront aussi pour effet d'éclaircir des secrets importants de la spiritualité et d'enflammer les âmes du véritable amour de Dieu.*

*Agréez, Monsieur l'Aumônier, l'assurance de mon affectueux dévouement en N. S.*

† Joseph, Év. d'Angers.

# PREMIÈRE PARTIE

---

# L'ENSEIGNEMENT

**Comment le Père Joseph a donné aux Religieuses Bénédictines du Calvaire un enseignement spécial sur le Sacré-Cœur.**

Le 16 juin 1675, Notre Seigneur apparaissait pour la troisième fois à la Bienheureuse Marguerite-Marie. Ce jour-là, il lui confia officiellement la mission de faire instituer une fête spéciale en l'honneur de son divin Cœur et d'en répandre le culte dans le monde catholique par les soins du vénérable P. de la Colombière.

Dans un volume d'un grand intérêt religieux intitulé *La France et le Sacré-Cœur,* le P. Victor Alet, de la Compagnie de Jésus, nous a présenté « les précurseurs directs de « la Bienheureuse Marguerite-Marie ». Ces précurseurs, venus après tant d'autres, dont le premier est saint Jean lui-même, sont les écrivains religieux qui, au xvii<sup>e</sup> siècle, ont pressenti ou préparé la dévotion particulière et le culte public du Sacré-Cœur.

Le P. Alet a compté quatre précurseurs directs de la Bienheureuse Marguerite-Marie : saint François de Sales, le P. Saint-Jure, le P. Nouet et le vénérable P. Eudes. Il me semble qu'il y a lieu de leur adjoindre le P. Joseph du Tremblay, le célèbre capucin connu dans l'histoire sous le nom de l'Éminence Grise.

— Celui qui, sous Louis XIII, fut l'ami, le confident et l'auxiliaire de Richelieu et dirigea, de concert avec lui, toute notre politique étrangère ?

— Celui-là même.

— Mais l'histoire n'a-t-elle pas dit qu'en lui le politique avait absorbé le religieux ?

— Elle l'a dit autrefois, mais sans le prouver jamais. Et aujourd'hui elle affirme le contraire, qu'elle prouve. Dans le P. Joseph elle nous fait admirer, en même temps qu'un grand serviteur de la France, beaucoup plus grand qu'on ne l'avait soupçonné, un serviteur non moins éminent de l'Église, également recommandable par des écrits d'une séraphique piété et par les œuvres d'une vie tout apostolique.

— Mais comment un homme a-t-il jamais pu, à pareil degré du moins, allier, sans les sacrifier l'une à l'autre, deux vies si différentes ? Cette association est extraordinaire.

— Invraisemblable même. Pourtant elle est vraie. Et le politique qui, à un des moments les plus critiques de notre histoire (1634-1638), à la veille et dans les trois premières années si difficiles de la période française de la guerre de Trente-Ans, soutenait seul avec Richelieu tout le poids des affaires de notre pays, a pu être en même temps un docteur, un apôtre du Sacré-Cœur et, par ses enseignements non moins profonds que multipliés, préparer la congrégation religieuse qu'il avait fondée à recevoir avec empressement et amour le culte du Cœur de Jésus, quarante ans avant qu'il fût annoncé et propagé dans le monde catholique.

— Une pareille assertion étonne, et elle

ne peut être présentée qu'avec de bonnes pièces en main.

— Aussi bien je les apporte. Et, pour n'être pas accusé de les accommoder à une thèse de mon invention, je ne les analyserai ni ne les résumerai ; je les produirai dans leur forme intégrale et première. Alors, sûrement, elles conserveront à tous les regards leur autorité et leur force démonstrative. Alors, ce sera l'évidence.

De toutes les œuvres du P. Joseph, celle qui a fait briller d'un plus vif éclat et son zèle et son esprit religieux, celle pour laquelle il a pris le plus de peine et produit des écrits d'une spiritualité plus élevée, est la congrégation des Religieuses Bénédictines de Notre-Dame du Calvaire, dites aussi les Filles du Calvaire.

Cette congrégation est née d'une réforme du grand ordre de Fontevrault. Le P. Joseph l'établit à Poitiers le 25 octobre 1617, avec le concours de Madame Antoinette d'Orléans, qui était la fille de Léonor d'Orléans, duc de

Longueville, et de Marie de Bourbon. Mais,
Madame d'Orléans étant morte le 25 avril
1618, six mois après la fondation du Calvaire,
le P. Joseph dut continuer seul l'œuvre entre-
prise en commun.

Par ses soins, la congrégation nouvelle
s'établit à Angers en 1619, à Paris, au
Luxembourg, en 1620, à Nantes en 1623, à
Loudun et à Mayenne en 1624, à Vendôme,
à Morlaix et à Saint-Brieuc en 1625, à Chi-
non en 1626, à Redon en 1629, à Rennes en
1631, à Paris, au Marais, et à Quimper en
1634, à Tours en 1636, et à Orléans en
1638, année qui fut celle de la mort du
P. Joseph. Seize couvents en vingt-et-un
ans[1]! Propagation vraiment merveilleuse,
due sans aucun doute à des faveurs toutes
spéciales de Dieu! due aussi à l'extraordinaire activité du fondateur!

Pourtant, ce n'était que la moindre partie

---

[1] Aujourd'hui, la congrégation du Calvaire compte
huit couvents, à Orléans, à Angers, à la Capelle-
Marival, à Landerneau, à Machecoul, à Poitiers, à
Vendôme et à Jérusalem.

de l'œuvre du P. Joseph et l'objet secondaire
de son dévouement religieux. « Ce que je
« prétends édifier, disait-il, ce ne sont pas
« les maisons matérielles de bois et de
« pierre, mais les âmes [1] ». En effet, il cher-
cha avant tout à communiquer, à assurer à
sa congrégation des Religieuses Bénédictines
du Calvaire un véritable esprit, un « esprit
« spécial ». Comme il le disait, cet esprit
devait être formé « de la profitable et sublime
« union de l'esprit de la Vierge sur le Cal-
« vaire et de saint Benoît en sa grotte ». Il
devait être l'esprit même des vraies filles du
Calvaire à qui il fut donné d'entendre les
paroles des anges : « Ne craignez pas, vous
« autres filles ; car vous cherchez Jésus de
« Nazareth crucifié ; venez, voyez le lieu où
« il était posé, et allez dire en hâte à ses
« disciples qu'il est ressuscité » ; esprit de
mortification et de zèle, qui est, à vrai dire,
« l'esprit de la règle de saint Benoît, disciple

------

[1] *Exhortations*, ms. III du Calvaire d'Angers,
f° 431 r°.

« de la Vierge au pied de la croix, répétant
« sa leçon durant tant d'années dans son
« rocher, et puis l'enseignant par le monde
« aux plus grands pasteurs et docteurs de
« l'Église[1] ». A former cet esprit dans sa
congrégation du Calvaire, le P. Joseph mit
tout son cœur. « Si, par tous mes discours
« et semonces, disait-il, je pouvais faire
« qu'une seule âme s'affermît et s'attachât à
« l'esprit crucifié du Sauveur, je m'estime-
« rais plus heureux que si j'avais gagné des
« empires[2] ». A cette fin, il composa pour
ses religieuses divers petits *Traités*, des
*Constitutions*, des *Exercices spirituels*, la
*Vocation des Religieuses de la première
règle de saint Benoît* ; il écrivit, du moins
en partie, l'*Histoire de Madame Antoinette
d'Orléans* ; il leur adressa — je ne compte
que ce qui nous a été conservé — plus de
onze cents *Lettres* de direction, plus de

[1] *La Vocation des Religieuses de la première
règle de saint Benoît*, 1621, pp. 93, 105-106.

[2] *Exhortations*, ms. III, f° 432 v°.

quatre cents *Exhortations*. C'est une œuvre qui, si elle était imprimée tout entière, ne comprendrait guère moins de trente volumes in-octavo de cinq cents pages chacun. Le P. Joseph n'exagérait donc rien quand il disait aux Filles du Calvaire que « de « moyens de perfection, elles en avaient « autant et plus qu'aucune religieuse qui fût « en l'Église de Dieu [1] ». Et il est certain qu' « il n'y avait point de supérieurs de reli- « gion qui fussent si assidus à leur ordre « comme il était à les servir ».

Considérable par son étendue, l'œuvre spirituelle que le P. Joseph produisit au profit des Religieuses Bénédictines du Calvaire, est encore plus remarquable par son mérite. Même, sous ce rapport, on pourrait dire qu'elle est hors de pair. Ainsi pensait du moins un contemporain, très bon juge, Grégoire Tarisse, qui fut général de la Congrégation des Bénédictins de Saint-Maur. En effet, le 13 octobre 1643, cinq ans après la

[1] *Exhortations*, ms. VII, p. 337.

mort du P. Joseph, il portait sur son œuvre
ce jugement non moins désintéressé qu'au-
torisé : « Ce qui passe la créance humaine,
« écrivait-il, c'est que le temps que les per-
« sonnes occupées dans les grands emplois
« prennent pour se relâcher et divertir, le
« P. Joseph s'en servait pour s'enfermer
« davantage et traiter de dévotion avec les
« bonnes religieuses du Calvaire et leur
« donner des conférences spirituelles, qu'il
« faisait avec tant de ferveur, de lumière et
« une si haute doctrine mystique, que c'est
« tout ce que les plus doctes, les plus
« contemplatifs bien préparés auraient pu
« faire et n'ont peut-être jamais fait, après
« un long travail et étude, avec tant de
« clarté et de facilité. Et on ne croirait jamais
« que ces choses eussent été faites par un
« esprit opprimé d'occupations si étranges,
« si éloignées, voire si contraires, sans autre
« temps ni préparation que le seul change-
« ment de lieu. J'ai remarqué que jamais
« personne de Saint-Benoît en France n'avait
« mieux compris l'esprit de saint Benoît

« que Dieu ne l'avait communiqué au
« P. Joseph. Et je suis ravi quand je lis ses
« écrits, ne voyant point d'auteurs qui
« pénètrent le fond des choses avec telle
« efficace que ce grand personnage. Pour
« témoigner de quoi, j'ai fait lire à tous nos
« Religieux le traité de la *Vocation* qu'il a
« composé pour les religieuses du Calvaire,
« parce que j'en fais une estime très parti-
« culière[1] ». Allez douter maintenant,

[1] Lepré-Balain, *Vie du R. P. Joseph*, l. VIII,
ch. xvii. — A ce jugement du général des Bénédictins
de Saint-Maur, il convient de joindre ici celui d'un
politique célèbre, Claude de Mesme, comte d'Avaux,
qui fut, sous Louis XIII, ambassadeur à Venise, en
Danemark, en Suède, en Pologne, et sous Louis XIV,
plénipotentiaire pour la paix générale en Allemagne,
écrivain distingué en allemand, en italien, en latin et
en français, homme dont la parole valait un serment,
en somme un juge très compétent, un témoin véri-
dique des mérites et des habitudes littéraires du
P. Joseph. Voici ce qu'il écrivit, en 1645, au P. Ange
de Mortagne :

« J'ai reçu la lettre qu'il vous a plu de m'écrire
« touchant le feu P. Joseph. Je n'ai pas le talent ni
« le temps pour traiter dignement d'un si haut sujet.

comme on l'a fait trop souvent, que ce
capucin ait bien compris l'esprit bénédic-
tin !

« Quand j'aurai l'honneur de vous revoir, je vous en
« dirai très volontiers et avec plaisir quelques
« remarques qui me semblent illustres, comme de
« dicter quatre heures entières des mémoires et ins-
« tructions pour des ambassadeurs, sans qu'il s'y
« trouvàt non seulement rien de superflu ni hors de
« place, mais où la matière était pressée, en sorte que
« chaque article semblait être le principal point de la
« commission. Il avait une force, une énergie par-
« ticulière à parler et à écrire. C'était un esprit ren-
« fermé en soi-même par nature et par étude, qui se
« relàchait peu au commerce des sens hors le besoin,
« et qui, outre la règle de sa vocation, paraissait
« s'en être prescrit une particulière. Ainsi, jouissant
« à plein de toutes les facultés de son àme, qui n'était
« jamais occupée de tant de distractions qui font la
« moitié de notre vie, et s'étant rendu la méditation
« familière, il jugeait plus ordonnément des choses
« et des affaires, dont il se faisait aussi informer
« avec grand soin. Cela rendait ses discours comme
« égaux en force et substance, en ayant retranché ce
« qui s'y coule insensiblement ou par affection à ce
« dont on parle, ou par amour-propre, ou pour avoir
« d'autres notions ou passions dans l'esprit. »
(V. Lepré-Balain, *Vie du R. P. Joseph*, l. V, ch.
II.)

La *Vocation des Religieuses de la première règle de saint Benoît*, tant estimée et recommandée par le général des Bénédictins, établit « *comme le but de cette Congrégation* « *est de se proposer Jésus crucifié sur le* « *mont du Calvaire pour exemplaire de la* « *sublime perfection.* » Ces quelques mots par lesquels le P. Joseph annonce le premier chapitre de son livre, résument, à vrai dire, toute la spiritualité du fondateur du Calvaire. Tous ses écrits sont pleins de Jésus-Christ, de son humanité, de sa croix. Il n'y a presque pas de page où il ne soit parlé de Jésus crucifié. « Avec les chérubins, la « novice n'abandonnera jamais l'humanité « du Sauveur. » « Je ne veux pas que vous « laissiez la passion pour ne penser qu'à la « divinité, et qui ne la voudrait jamais médi- « ter, ne serait pas chrétien. » « Il faut tou- « jours conserver la vue de la sacrée huma- « nité du Sauveur, même dans les plus « grandes élévations. » « Nous avons accès « à l'être infini de Dieu par Jésus crucifié. » « Le trait, le but du christianisme, c'est de

« s'unir à Dieu, en tant qu'il est Dieu, et le
« moyen qui nous y conduit, c'est Jésus
« crucifié. » « Jésus crucifié est le plus
« excellent moyen pour nous conduire à
« Dieu. » « Le chemin de la croix est bien
« plus sûr que celui des douceurs inté-
« rieures. » « C'est la croix qui conserve le
« reste. » « Parce qu'elle manquait dans le
« Paradis terrestre, Adam ne dura guère
« dans l'état d'innocence et se laissa bientôt
« emporter comme un enfant aux douceurs
« que le serpent lui présenta. » « Les vraies
« délices ne se trouvent que dans la croix. »
« Le Fils de Dieu a réduit toute sa doctrine
« en un petit *compendium* qui est sa croix :
« c'est là le Verbe abrégé qui opère efficace-
« ment dans les cœurs. » « Dans l'anéan-
« tissement de la croix est en éminence ce
« Verbe abrégé pour ceux qui savent bien
« lire et comprendre les mystères enclos en
« Jésus crucifié [1]. »

[1] *Exhortations*, ms. XVI, pp. 41-42, 210 ; ms. III,
p. 89, ffos 267 ro, 434 ro, 437 ro ; *Exercices spirituels*, p. 445, etc.

Vraiment, le fondateur du Calvaire pouvait dire comme celui qu'il aimait à proclamer son maître et son docteur préféré : « *Non judicavi me scire aliquid inter vos,* « *nisi Jesum Christum, et hunc crucifixum…* « *Prædicamus Christum crucifixum.* Je ne « connais, je ne prêche que Jésus crucifié ». Oui, le P. Joseph rivalise avec saint Paul d'amour et d'enthousiasme pour l'humanité et la croix du Sauveur. Entendez-le et voyez comme il admire dans le grand apôtre le prédicateur de Jésus crucifié : « En ses « Epîtres, disait-il, saint Paul ne passe pas « quatre lignes qu'il ne parle du sang et de « la croix de Notre-Seigneur. Il a été cru- « cifié pour moi. Il est mort pour moi. Je « suis crucifié avec mon Maître. Je ne vis « plus, moi, c'est Jésus-Christ qui vit en « moi. » Et ailleurs : « Dieu est mort. C'est « cette pensée qui faisait mourir saint Paul « d'amour et de douleur. Il répète si souvent « ces belles paroles : Dieu est mort pour « moi, ne pouvant assez admirer cet excès « de bonté. Puis il dit ensuite : La charité

« de Jésus-Christ me presse ; car, puisqu’il
« est mort pour moi, il faut que je meure
« pour lui. » Et encore : « J’estime qu’il n’y
« a point de méditations plus utiles que celle
« de la passion du Sauveur. Saint Paul y
« trouvait tout. C’est là toute sa dévotion.
« Encore qu’il eût été ravi jusqu’au troisième
« ciel, il dit qu’il ne sait que cela, et dans
« ses plaies il pénètre les mystères les plus
« relevés de la divinité » [1]. Quand il traduit
ainsi les sentiments de saint Paul pour Jésus
crucifié, le P. Joseph du même coup exprime
aussi les siens. Il est très évident qu’ils sont
les mêmes. Et, comme il le dit, « c’est bien
« Jésus crucifié qui est son modèle » [2]. Il a
« l’esprit du Calvaire, où Jésus crucifié nous
« sert de maître et de docteur » [3], et quand,
envisageant avec raison « dans l’institut du
« Calvaire, la plus haute école de perfection

[1] *Exhortations*, ms. III, f⁰ 773 v⁰ ; ms. IX, pp.
264-265, 300.

[2] *Exhortations*, ms. III, f⁰ 267 v⁰.

[3] *Exhortations*, ms. VII, p. 347.

« qui soit en l'Église de Dieu »[1], il doutait qu'il y pût conduire les autres, c'était sa modestie seule qui le faisait parler.

L'âme ne se remplit pas tout d'un coup de pareils sentiments. Il est donc clair que ce capucin, ce digne fils de saint François d'Assise, ne s'est jamais complu en autre chose que la croix du Sauveur ; que ce fondateur de la congrégation du Calvaire a toujours eu pour Jésus crucifié un grand amour. *Jesus, amor noster, crucifixus est*, avait-il fait inscrire au-dessus de la porte du premier couvent. Mais il est certain pourtant qu'il ne manifesta jamais tant son amour, son admiration pour l'humanité et la croix du Sauveur que dans les cinq dernières années de sa vie (1634-1638). Les circonstances l'exigeaient.

Des hérétiques avaient paru en Espagne vers 1575. Ils s'appelaient *Alumbrados*, ce qui est à dire *Illuminés*. De fait, c'étaient déjà de

---

[1] *Exhortations*, ms. III, fᵒ 433 rᵒ.

vrais *Quiétistes*. Ils pratiquaient, en effet, cette prétendue mysticité qui fait de l'inertie de l'âme humaine la condition indispensable de son union avec Dieu ici-bas et place le dernier terme de la perfection chrétienne dans une contemplation directe de l'essence divine, telle que Jésus-Christ cesse d'être pour nous le médiateur nécessaire. Ces ennemis de l'humanité et de la croix du Christ furent poursuivis par l'Inquisition, condamnés à Cordoue, à Séville, à Rome, et chassés d'Espagne en 1623. Alors ces *Invisibles* — ils s'appelaient encore de ce nom — se répandirent secrètement en France. Ils restèrent inconnus jusqu'en 1634. Mais en cette année-là un prosélytisme imprudent les découvrit. Aussitôt le P. Joseph, usant du crédit qu'il avait à la cour, les fit poursuivre activement et réprimer victorieusement par l'intervention de l'autorité royale. Les prisons furent remplies d'hérétiques. Mais, pour être enfermés à la Bastille ou à Vincennes, ces hérétiques n'en avaient pas moins laissé les germes de leurs erreurs se développer dans un grand nombre de monastères de France où ils les avaient insinuées. Le P. Joseph trembla pour ses religieuses.

Le danger était trop réel et trop prochain ! Le P. Joseph, qui a exprimé toutes ses craintes, en a aussi formulé les divers motifs. Le 15 juin 1636, il disait à ses religieuses du Calvaire du Marais : « Mes filles, en la plu-
« part des religions on appréhende aujour-
« d'hui la vie intérieure à cause des trompe-
« ries qui s'y rencontrent. Desquelles je
« crois que vous êtes exemptes pour le pré-
« sent. Mais que sais-je si, avant ou après
« ma mort, il ne viendra point de ces illu-
« minés vous enseigner leur fausse doctrine ?
« Et ils se serviront de mes paroles, même
« de celles de la Sainte Écriture et de saint
« Paul, qu'ils appellent le Docteur Angé-
« lique, pour mieux vous tromper et appuyer
« leurs faussetés. Ce qui est le pis, c'est que
« ce sont des filles qui enseignent cela. On
« en avait reçu une en une certaine religion.
« Pensant que c'était une sainte, on la fit
« enseigner les religieuses de là, même la

« supérieure, et j'ai eu toutes les peines du
« monde à la faire sortir. Après cela, elle est
« allée en un autre couvent où elle a trompé
« la plupart. C'est une congrégation de filles
« qui s'étend partout. Elles vont de ville
« en ville enseigner ceux qui les veulent
« entendre. Ces filles-là attirent tellement
« leurs auditeurs qu'il est difficile de les
« détromper et leur persuader le contraire.
« Elles sont, du reste, si arrêtées à leurs
« opinions qu'encore que l'on en ait fait
« condamner plusieurs, elles ne laissent pas
« d'enseigner leur doctrine. Elles vont prin-
« cipalement dans les religions. Et même
« elles ont mis un cahier de leurs faussetés
« dans un petit livre que j'avais fait de
« l'*Exercice des Bienheureux*. Afin qu'elles
« eussent plus d'autorité, elles faisaient
« croire que j'en étais l'auteur. » « C'est
« pitié, dit encore le P. Joseph, de voir les
« choses qui arrivent en la plupart des reli-
« gions. J'en sais bien où se sont passées
« des dissensions telles que l'on a été con-
« traint de les faire prendre par les archers

« et mener en prison à la vue de tout le
« monde. Cependant, c'étaient des filles très
« austères. Même on a trouvé leurs disci-
« plines toutes sanglantes. Leurs pères spi-
« rituels ont été aussi bien châtiés comme
« elles. On ne saurait presque savoir les-
« quels ont tort. Chacun en parle selon son
« sens. D'où sont venus tous ces malheurs ?
« D'avoir pris la conduite de toutes sortes
« d'esprits[1]. » On le voit, le danger couru
par les religieuses du Calvaire n'était ni
imaginaire ni éloigné. Pour l'écarter, le
P. Joseph ne pouvait donc prendre trop de
moyens.

Le premier de ces moyens fut de stigma-
tiser l'illuminisme lui-même, d'en mettre en
lumière les erreurs non moins ridicules que
dangereuses. Le P. Joseph lui déclara une
guerre sans trêve ni merci. « Il est néces-
« saire, disait-il à ses religieuses, que vous

[1] *Exhortations,* ms IX, pp. 577, 578, 585-586.

« sachiez le mal, afin de l'éviter[1]. » Aussi,
à partir de 1634, il ne leur adresse guère
d'exhortation qui ne porte quelque coup à
l'illuminisme. « Mes filles, leur dit-il, pre-
« nez bien garde qu'au lieu de suivre mes
« enseignements, vous ne couriez après les
« nouveautés. » « Vous devez savoir que de
« tout temps il y a eu des hérésies. Or, celles
« que le diable a suscitées en celui-ci sont
« les fausses spiritualités et illuminations
« qui ont cours notamment parmi les reli-
« gieuses. » Ces « religieuses illuminées »,
dit le P. Joseph, sont des « obténébrées » et
« on les appelle illuminées par dérision ».
Ces « illuminées sont « des aveugles qui éta-
« blissent la vertu dans un faux repos » et
« sous une fausse apparence de lumière
« conservent un intérieur obscur et téné-
« breux ». Leur « fausse contemplation »
est celle « de ces philosophes qui se repaissent
« de belles pensées et que l'on appelle des
« songe-creux ». Leur « fausse élévation,

---

[1] *Exhortations*, ms. IX, p. 580.

« perfection imaginaire et fantastique, n'a
« nulle solidité et fondement ». Leurs « belles
« pensées, grands désirs, grandes ferveurs,
« grandes dénudations d'intellect et com-
« préhensions d'une haute perfection sans
« effet, tout cela n'est soutenu que d'air
« et n'est que tromperie ». « Extases et
« ravissements », le P. Joseph se « moque
« de tout cela, s'il n'est accompagné de
« vraies vertus ». Il se moque de ces
« ravies » qui « ont tant d'estime d'elles-
« mêmes qu'elles croient que les saints
« du Paradis leur en doivent de reste ;
« voire même qu'elles sont plus saintes que
« la Vierge Marie ». Il tient pour « folle
« celle qui constitue sa perfection dans une
« oraison abstraite sans pratique de la
« vertu. » « Son oraison, dit-il, est une orai-
« son diabolique. — Oh! je suis si abstraite!
« — Vous l'êtes de vrai, mais c'est de Dieu,
« ce qui est une mauvaise et damnable
« abstraction ». Non moins folle est celle
« qui se laisse si fort habituer à la paresse
« d'esprit que, pour s'y nourrir de plus en

« plus, elle se persuade qu'elle fait oraison
« de silence et d'extase. » « L'extase véri-
« table que Dieu demande, dit le P. Joseph,
« est que nous sortions de nous-mêmes et
« que l'âme s'élève par-dessus tout ce qui
« est de la nature et des sens, et qu'elle
« perde son propre être, afin que celui de
« Dieu règne. » Qu'une religieuse vienne à
dire : « J'ai l'oraison de quiétude et suis
« plus parfaite que celles qui sont dans
« l'oraison purgative », celle-là, pour le
P. Joseph, est « une orgueilleuse et un dia-
« blotin, et les autres, qu'elle méprise, des
« saintes ». Le P. Joseph en arrive à décla-
rer qu'il aimerait mieux « une douzaine de
« filles simples qu'un million d'illuminées »,
que « les mous et fainéants contemplatifs,
« plutôt que de s'enfermer et étouffer dans
« une sombre obscurité, feraient bien mieux
« de dire leur chapelet avec humilité ou
« quelque autre oraison vocale ». Le
P. Joseph n'oublie pas, naturellement, qu'il
y a des âmes privilégiées attirées à Dieu par
des traits particuliers. Mais il n'en redoute

pas moins les « extrémités ». Il y a, comme
il le dit, « des extrémités heureuses, celles
« qui sont guidées de Dieu ». Mais il sait
aussi « qu'en toute extrémité il y a beaucoup
« à craindre, et qu'il est fort périlleux de se
« laisser enfermer en quelque chemin égaré
« et sentier détourné sous la conduite du
« propre amour, qui abandonne l'âme au
« milieu des bois à la gueule des loups »[1].

A la gueule des loups, c'est-à-dire aux
atteintes de l'illuminisme, le P. Joseph
verrait-il donc exposées, pour leur ruine certaine, ses chères filles du Calvaire, celles
qu'il appelait « les filles de Jésus crucifié »[2] !
Cette congrégation, pour laquelle il avait
pris tant de peine, qu'il aimait tant parce
qu'elle était son œuvre et beaucoup plus

---

[1] *Exhortations*, ms. III, ffos 175 vo, 437 ro, 266 vo,
297 vo, 568 ro ; ms. IV, p. 71 ; ms. II d'Orléans, fo 89 ro ;
ms. XVI, p. 154 ; ms. III, fo 174 ro ; ms. II d'Orléans,
ffos 288 ro, 505 vo.

[2] *Exhortations*, ms. XXI, fo 265.

encore parce qu'elle était l'œuvre de Dieu,
aurait-il donc la douleur de la voir envahie,
ravagée, dispersée, détruite par les erreurs
d'une perfide hérésie ? A tout prix il veut la
sauver. C'est pourquoi il juge que ce n'est
pas assez de démasquer l'ennemi. Il faut le
tenir éloigné. « Ne courez point, disait-il à
« ses filles, après la conduite des docteurs et
« des grands personnages, mais tenez-vous
« recueillies dans votre solitude. Quand vous
« verrez une prieure chercher des doctrines
« nouvelles, vers qui que ce soit, c'est mau-
« vais signe. Elle court grand danger d'être
« trompée, et encore pis, si elle laisse parler
« ses filles. Elle dira : Ces pauvres sœurs
« sont si renfermées, si sauvages, si tristes !
« Encore faut-il leur donner quelque liberté
« et quelques divertissements, les faire parler
« à ce bon père minime, capucin, ou autres,
« qui viennent quelquefois ici. Lesquels
« viendront à saper et renverser tout ce que
« je vous dis, et même mettront tant
« d'amorces en leur doctrine, qu'ils la feront
« trouver beaucoup meilleure que mes ensei-

« gnements, parce que l'esprit naturel aime
« toujours la nouveauté. Cela étant dans les
« âmes, le diable s'en servira pour les trom-
« per et leur donner un dégoût de tout le
« reste. Je vous dirai franchement qu'encore
« depuis peu je connais un bon Père d'un
« ordre très réformé qui s'est offert pour
« être votre directeur. Il disait : Voilà grand
« pitié. On ne sait ce que c'est que ces pauvres
« Filles du Calvaire. Elles sont si retirées
« que l'on n'en peut approcher. N'y aurait-il
« point de moyen de leur faire quelques
« leçons spirituelles ? Ce qu'il disait avec
« bonne intention. Mais c'est pour vous
« montrer combien vous vous devez tenir
« sur vos gardes[1]. » Le lecteur, j'en suis
sûr, n'incriminera ni ce bon père d'un ordre
très réformé, ni le minime, ni le capucin
plus que ne fait le P. Joseph. Si le P. Joseph
les écarte des grilles de ses communautés,
ce n'est pas, comme il l'explique lui-même,
que leurs doctrines soient mauvaises. C'est

---

[1] *Exhortations*, m. IX, pp. 584-585.

qu'elles ont un esprit différent de celui du Calvaire. C'est qu'elles ne concordent pas davantage entre elles. Ce sont de perpétuelles nouveautés. Et, comme toute nouveauté plaît à l'esprit naturel, de nouveauté en nouveauté les Filles du Calvaire en arriveraient vite à conformer leur pratique aux erreurs séduisantes de l'illuminisme.

Les livres des illuminés ne sont pas moins dangereux que leurs personnes. Le P. Joseph ne néglige donc pas plus d'écarter les uns que les autres. « Je vous avertis encore, « dit-il à ses filles, que depuis peu il court « un livre intitulé l'*Exposition du Cantique* « *des Cantiques*, le plus pernicieux du « monde. L'auteur fait parler Notre Sei- « gneur et l'âme en termes tout clairs, « comme feraient deux personnes les plus « impies et méchantes de la terre. Il en court « encore un autre qui n'est pas moins dan- « gereux, qui s'appelle l'*Économie de la* « *famille de Jésus.* Car tout cela a les plus « beaux titres du monde, et on ne saurait « presque reconnaître qu'il y ait du mal.

« Moi-même j'avoue que, si je ne l'eusse lu
« avec attention, je n'eusse pas reconnu la
« tromperie. Tout le monde court après cela.
« Ces livres sont approuvés des plus grands
« docteurs. Jamais je n'ai su les faire cen-
« surer, et pourtant j'y ai employé tout ce
« que j'ai d'amis. Je suis toujours en crainte
« que ces livres n'entrent parmi vous. C'est
« pourquoi je ne veux point du tout qu'on
« en reçoive de nouveaux en aucune de vos
« maisons. On se doit contenter de ceux qui
« ont été faits par des Pères anciens et bien
« approuvés, et toujours avec l'avis de la
« Mère Directrice, que je charge de nouveau
« d'y bien prendre garde. J'aimerais mieux
« que l'on n'en eût point du tout. Aussi bien
« avez-vous assez de mes écrits, qui sont
« plus que suffisants pour vous occuper[1]. »

— Vraiment, me dira-t-on sans doute,
c'est à croire que l'imagination du P. Joseph,
d'accord avec son zèle, multiplie à plaisir les
illuminés. Il en voit partout.

[1] *Exhortations*, ms. IX, pp. 586-587.

— Il est sûr qu'il en voit beaucoup. Mais en voit-il trop? En voit-il plus qu'il n'y en a? Je ne le pense pas. L'illuminisme n'est qu'une première forme du quiétisme. Or, il est incroyable combien il y eut de livres quiétistes dans la seconde moitié du xvii<sup>e</sup> siècle et quelle faveur ils obtinrent. De bons théologiens s'y laissèrent prendre. Des docteurs de Sorbonne, des abbés de monastères leur accordèrent officiellement leur approbation. Il y eut un couvent de religieux qui s'offrit à répandre quinze cents exemplaires du *Moyen court* de M<sup>me</sup> Guyon. Pour avoir voulu révéler les erreurs de Molinos avant leur condamnation formelle, le jésuite Paolo Segneri faillit être lapidé. Et quand, en 1687, l'auteur de la *Guide spirituelle* vit condamner soixante-huit de ses propositions, il y avait, d'après Moréri, vingt-deux ans qu'il répandait sa doctrine à Rome, où il avait trouvé grand crédit, même auprès des papes, même auprès de l'austère et sévère Innocent XI, qui l'avait d'abord logé dans son palais. Presque tout le xvii<sup>e</sup> siècle était imprégné de quiétisme ! Vienne une thèse révélant cette vérité, et sur ce point, comme sur beaucoup d'autres, on sera obligé de reconnaître la particulière perspicacité du P. Joseph.

Cette perspicacité du P. Joseph n'était pas au-dessus de son zèle, qu'elle dirigeait et animait. Démasquer l'ennemi, l'écarter, c'était nécessaire. C'était insuffisant. Les illuminés, et surtout les illuminées, avaient une incroyable subtilité d'esprit. De leur part les surprises étaient toujours à craindre. Contre ces surprises redoutables le P. Joseph devait donc prémunir ses religieuses du Calvaire par une saine et fortifiante doctrine, par de pieuses et sanctifiantes pratiques.

Afin de donner à sa congrégation la doctrine dont elle avait besoin, le P. Joseph fonda un second séminaire à Paris, au Marais, en 1634. L'auteur des *Annales Calvairiennes*, le P. Siméon Mallevaud, récollet, écrivait en 1671 : « Le P. Joseph, qui avait « la connaissance de tous les ordres reli- « gieux, voulut fonder la congrégation du

« Calvaire sur de si fermes principes, qu'elle
« demeurât à jamais inébranlable et persé-
« vérât toujours dans la vigueur de son pre-
« mier esprit. Ce qu'il a fait avec tant de
« précaution qu'on peut dire assurément
« que c'est aussi un des plus parfaits éta-
« blissements qui se puissent rencontrer.
« Car, ayant prévu par la force de son génie
« tout ce qui avait donné lieu au relâche-
« ment dans les autres familles religieuses,
« il coupa pied à ces inconvénients par l'ins-
« titution des séminaires de Paris, où les
« jeunes de meilleure espérance pour la
« conduite et le soutien de la congrégation
« seraient envoyées, afin de se renouveler
« dans le pur esprit de leur vocation et de le
« porter par après dans toutes les autres
« maisons [1]. » Le P. Siméon Mallevaud, qui
loue fort pertinemment l'œuvre du P. Joseph
et la fondation de son second séminaire, n'en
indique que vaguement l'occasion. Heureusement le fondateur lui-même a été plus
précis le jour où il tenait à son séminaire du

[1] *Annales Calvairiennes*, p. 942.

Marais le langage suivant : « Si je vous
« représente les tromperies des faux spiri-
« tuels et les moyens de vous en préserver,
« c'est que je pense quelquefois : Après
« ma mort cette congrégation de pauvres
« filles ne sera pas plus exempte de cela que
« les autres, si dès le commencement on ne
« les fonde dans une vraie doctrine. Voilà
« pourquoi j'ai eu un mouvement spécial
« d'en faire venir ici plusieurs des autres
« maisons, afin que ce qu'on leur enseigne,
« elles le puissent enseigner aux autres, et
« ainsi que cela demeure toujours [1]. »

L'institution des séminaires était une
garantie générale pour l'esprit de la congrégation du Calvaire. A chacune de ses religieuses le P. Joseph offrit une sauvegarde
personnelle dans la pratique d'exercices
particuliers, notamment de ceux qui ont pour
objet plus immédiat l'humanité et la croix
de Notre-Seigneur, écartées l'une et l'autre
par les illuminés de leurs rapports avec Dieu.

---

[1] *Exhortations*, ms. IX, p. 578.

Il leur disait : « Vous me demanderez : Com-
« ment donc serons-nous préservées de tous
« ces malheurs? — Cela vous sera bien facile,
« si vous suivez fidèlement vos exercices en
« la manière que l'on vous enseigne, lesquels
« sont désapprouvés de ces faux illuminés.
« N'ayez pas peur qu'ils vous parlent des
« *Cinq Plaies*, de la *Compassion*, des *Trois*
« *journées de Calvaire*. Car ils estiment
« tout cela folie, disant qu'ils sont des objets
« créés, qui ne sont bons que pour les
« âmes grossières et ignorantes. Pour eux,
« ils n'ont que faire de Notre-Seigneur,
« étant unis à Dieu immédiatement, aussi
« bien que lui. Et, de plus, il ne leur faut
« point de sacrements, parce que ceux qui
« sont unis à Dieu sont faits un même esprit
« avec lui. O âmes maudites et endiablées,
« qui mériteraient que l'enfer s'ouvrît pour
« les engloutir ! [1] » C'est en 1636 que le
P. Joseph donna aux Filles du Calvaire onze
*Exhortations* pour leur annoncer et expli-

[1] *Exhortations*, ms. IX, pp. 580-581.

quer l'*Exercice des Cinq Plaies* et leur
exposa, en neuf *Exhortations*, son *Traité
des trois journées de Calvaire*. C'est en 1634
qu'il leur enseigna, en huit *Exhortations*,
la manière de bien pratiquer l'*Exercice de la
Compassion*. D'ailleurs, des quatre cent qua-
torze *Exhortations* que nous avons dans le
ms. 1203[1] de la Bibliothèque Mazarine, à
peine cinquante sont-elles antérieures à cette
année 1634. Plus de trois cent cinquante ont
été données à partir de cette année où précisément le P. Joseph découvrit la secte des
illuminés. C'est donc bien contre eux qu'il
travailla aussi activement à établir dans sa
congrégation le véritable esprit du Calvaire,
esprit, comme il le dit lui-même, « désap-
« prouvé de tous ces faux spirituels ».

— Vraiment, le P. Joseph est un théologien, un religieux éminent !

— Oui, et tout esprit équitable ne pourra
manquer d'admirer en lui non seulement
une sagacité assez pénétrante pour découvrir

---

[1] Autrefois, manuscrit 2266.

toutes les erreurs de l'illuminisme au milieu
des épaisses ténèbres dont elles cherchaient
à s'envelopper, mais encore une charité assez
généreuse pour se dépenser sans mesure au
service de sa congrégation du Calvaire, alors
qu'elle était dans une situation exceptionnel-
lement critique, et lui prodiguer, sans comp-
ter jamais, les soins utiles à son salut et à
son avenir.

— Sans doute.

— Et même, si l'on veut apprécier au
juste et louer selon ses mérites le dévouement
du P. Joseph à la congrégation du Calvaire,
il faudra ne pas oublier qu'alors qu'il se mul-
tipliait ainsi pour elle, il habitait, non dans
la tranquille solitude d'un couvent, mais chez
Richelieu, soit à Paris, soit à Rueil ; qu'il le
suivait dans ses voyages ; qu'ici ou là il était
à la disposition du cardinal-ministre à toute
heure de la journée ; qu'il traitait des inté-
rêts de la France avec toutes les puissances
étrangères, gagnant les unes, combattant les
autres ; que pour cela il était en rapport
direct avec les ambassadeurs et les résidents,

les secrétaires d'État et les ministres ; qu'il avait présentes à l'esprit, pour les surmonter ou les atténuer, toutes les difficultés actuelles ou éventuelles de nos relations diplomatiques avec la chrétienté entière, et cela au moment où les armées ennemies couvraient nos frontières, envahissaient notre sol ou menaçaient notre capitale. Voilà au milieu de quels dangers de la patrie, de quels combats de l'esprit, — dangers et combats tels qu'un moment ils firent perdre courage à Richelieu lui-même ! — le P. Joseph, lui, savait, par une maîtrise, par une possession de lui-même bien rare, sinon unique, prendre le temps et garder la liberté nécessaire pour s'élever jusqu'aux sommets de la théologie mystique, et là, dans un enseignement qui joignait à la vive allure d'une conversation familière la justesse et la précision d'une leçon méditée [1],

[1] Le lecteur ne manquera pas de se demander ici comment, dans ces conditions, les *Exhortations* du P. Joseph ont pu être conservées. Voici la réponse :

Au milieu de ses occupations multiples, le P. Joseph, nous dit son biographe, n'avait, pour préparer ses envisager sans effort, exposer en tout leur jour les opérations les plus intimes et les plus délicates de l'âme religieuse et, au travers des précipices cachés où tombaient les illuminés en foule, la conduire sûrement au but suprême marqué par Dieu, celui de

*Exhortations*, d'autre temps que celui qu'il mettait à se rendre à ses Calvaires du Luxembourg ou du Marais. Il ne pouvait donc les écrire. Cependant elles étaient données aux deux séminaires. de Paris pour être transmises à toute la congrégation et lui être un enseignement tout spécial. C'est pourquoi, nous dit l'auteur des *Annales Calvairiennes*, p. 240, « pendant « qu'il prêchait, six religieuses écrivaient, puis deux « autres avaient le soin de recueillir ces écrits et de « les mettre au net. » Lui-même vérifiait ces rédactions qui n'étaient communiquées aux autres Calvaires que sur son autorisation expresse. Il y a dans un manuscrit du Calvaire de Vendôme (ms. XXXIII, p. 102) une note établissant que la 1re *Exhortation sur la Compassion* ne pouvait encore être communiquée à la congrégation, faute d'avoir été visée par le P. Joseph.

Dès lors on peut être sûr que les *Exhortations* du P. Joseph, dans la forme où elles nous ont été transmises, sont le fidèle écho de sa vive parole. En effet, il ne faut pas oublier qu'alors on quittait la cour pour entrer au Calvaire, comme à la Visitation, comme au la parfaite union avec lui [1]. Dira-t-on encore que la politique avait absorbé le religieux?

Carmel ; que le Calvaire du Luxembourg, en particulier, bénéficiant de la royale protection de Marie de Médicis, recevait des femmes du plus haut rang et par conséquent d'une grande culture intellectuelle, très capables non seulement de comprendre, mais encore de reproduire les leçons les plus élevées et les plus ardues de la théologie mystique du P. Joseph. C'étaient, entre beaucoup d'autres, la Mère Hilaire de Saint-Barthélemy, que les supérieurs majeurs de la congrégation appelaient leur docteur, la théologienne du Saint-Esprit, et qui fournissait à des prédicateurs renommés la matière et le texte même de leurs sermons ; la Mère Catherine de la Sainte Trinité, auteur d'un ouvrage estimé sur les *Attributs divins* ; la Mère Catherine de Jésus, ancienne abbesse du monastère de Saint-Benoît de Rhodes, qui, n'ignorant aucune des belles sciences ni des langues étrangères en honneur parmi les doctes, était encore également versée dans la Sainte Écriture et dans la théologie. Au moment où elle allait entrer au Calvaire, un religieux, le P. Dominique Hugues, lui avait dédié son traité *De Deo trino et uno* (V. les *Annales Calvairiennes*, pp. 314, 330, 437, 443-445, et les *Épîtres* du P. Joseph).

[1] Voir dans la *Revue des Facultés catholiques de l'Ouest*, février 1894, mon article sur *le P. Joseph et le Quiétisme* (pp. 327-376).

— La politique n'absorba ni le religieux, ni le théologien, et des deux nous ne savons lequel est le plus admirable. Mais vous nous avez annoncé le docteur, l'apôtre du Sacré-Cœur. Où est-il ? Nous l'attendons, et depuis longtemps.

— Depuis trop longtemps, dirais-je moi-même, si la voie détournée que nous avons prise pour arriver à lui ne nous avait permis de faire une entière connaissance avec le P. Joseph et ses religieuses du Calvaire, et si du même coup, en rappelant les circonstances qui ont amené son enseignement sur le Sacré-Cœur, nous ne nous étions préparés à en bien comprendre le véritable caractère, à en mesurer toute la portée.

Parce que, en face de l'hérésie, le P. Joseph établissait selon la vraie doctrine de l'Église l'obligation où nous sommes de faire intervenir Jésus crucifié dans nos rapports avec Dieu ; parce que, en présence du péril imminent que courait sa congrégation du Calvaire, il prenait tous les moyens de la prémunir et de la sauver, il devait, s'il poursuivait son dessein jusqu'au bout, en arriver à ouvrir à ses chères filles le Cœur même de Jésus, soit pour leur révéler dans leur intégrité la personne et l'œuvre du Rédempteur, dont voulaient se passer les illuminés, soit pour leur assurer un refuge impénétrable aux attraits d'erreurs trop séduisantes. Il les « jeta » donc « dans le Sacré-Cœur » comme dans « une inexpugnable forteresse ». C'est ainsi qu'il dit. Là, en effet, elles demeureraient à l'abri de toutes les surprises de l'ennemi ; elles repousseraient facilement tous ses assauts. Au centre de l'humanité du Sauveur, à la source de toutes les fortes vertus du christianisme, il n'y avait pas de risque qu'eussent jamais accès ceux qui apprenaient, disaient-ils, à se passer de Jésus-Christ pour aller à Dieu et mettaient leur perfection dans l'inertie, dans « l'anéantis-« sement » de leur âme. Établies dans le Cœur de Jésus, les religieuses du Calvaire ne verraient jamais l'illuminisme entrer chez elles. C'est dans ce ferme espoir que, de

1634 jusqu'à sa mort, le P. Joseph prêcha
avec un zèle très particulier l'amour et la
dévotion du Sacré-Cœur.

Dès 1623 il avait, dans sa *Méditation
durant la sainte Messe sur la mort de Jésus
crucifié*, écrit une vingtaine de pages très
pieuses pour apprendre aux « âmes dévotes »
à « considérer dans le Cœur ouvert de Jésus,
« Fils de Dieu, la vive source du pur amour et
« le centre de toutes ses œuvres [1] ». Il avait
célébré les gloires et les bienfaits du Sacré-
Cœur avec les simples fidèles. Avec les Filles
du Calvaire, qu'il regardait « comme de la
« famille de Jésus crucifié », il avait dû faire
de même. Au nom de Dieu, il leur dira bientôt : « Levez-vous, venez habiter sur le Cal-
« vaire, approchez-vous le plus près que
« vous pourrez de la croix, entrez jusque
« dans le Cœur de Jésus. C'est là où sont
« appelés tous les chrétiens, qui plus, qui
« moins, selon leur état, mais particulière-

[1] *La Pratique intérieure des principaux exercices de la vie chrétienne*, pp. 124 et suivantes.

« ment ceux qui tendent à l'imitation de
« Jésus crucifié... Venez donc, entrez dans
« le paradis de la religion, dans la perfec-
« tion où je vous appelle, dans le Cœur de
« Jésus... Venez, entrez dans le Cœur de
« Jésus et demeurez avec lui en la croix
« jusques après la mort [1] ». Puisque c'était la
vocation très spéciale des Filles du Calvaire
d'être établies dans le Cœur de Jésus, leur
fondateur ne pouvait manquer de leur rappe-
ler souvent ce grand et premier devoir. Mais
sur ce point nous ne voyons pas qu'il leur
ait donné jusqu'en 1634 autre chose que des
avis très courts, des considérations rapides.
Avant 1615, il écrivait à la Mère Hilaire de
Saint-Barthélemy, maîtresse des novices de
Lencloître : « Ma fille, pour que votre voix
« soit entendue de Dieu, il faut lui montrer
« la face et le cœur à découvert, tirer le
« rideau des faux prétextes et dissimulations
« de nature et, cœur à cœur, le cœur posé
« contre le Cœur du Sauveur crucifié, lui

—————

[1] *Exhortations*, ms. VII, pp. 256, 280.

« découvrir vos désirs, languissant après lui
« d'un pur et chaste amour. » Voilà un grand
amour du Sacré-Cœur. Mais les paroles de
ce genre ne devaient pas être rares chez les
écrivains spirituels de l'époque. Ce langage
est, de tout temps, le langage ordinaire des
âmes religieuses. C'est celui du *Cantique des
Cantiques*. Il est donc tout naturel que le
fondateur du Calvaire l'ait toujours parlé à
ses filles spirituelles.

Mais de ces vues rapides, de ces effusions
pieuses à un enseignement suivi, à une doctrine approfondie sur le Cœur de Jésus, il y
a loin. Lui-même, le P. Joseph, a fait obser-
ver la nouveauté et l'importance de son enseignement sur le Sacré-Cœur, quand, le 22
mars 1636, jour du Samedi Saint, il annonça
à ses religieuses du couvent du Marais
l'*Exercice de la dévotion aux cinq Plaies de
Notre-Seigneur*, « exercice ayant pour fin
« d'induire les Filles du Calvaire à révérer
« d'une manière spéciale les plaies de
« Jésus ». « Il semble, leur disait-il, que la
« Sainte Vierge, pour vous récompenser des

« petits services que vous lui rendez par-
« dessus le commun des chrétiens, veut atti-
« rer de plus en plus de nouvelles bénédic-
« tions du ciel sur vous et vous obtenir un
« plus grand accès vers Notre-Seigneur cru-
« cifié. Elle veut que vous l'aimiez tendre-
« ment et soyez enflammées de son saint
« amour, que vous deveniez dévotes et
« amoureuses de ses saintes plaies, que vous
« y pensiez souvent ; enfin elle veut vous
« attirer et vous faire entrer en son Cœur.
« Car elle ne veut pas que vous le regardiez
« de loin, comme les chrétiens de ce temps
« qui se contentent d'y penser une fois l'an
« en ces jours-ci, sans que cela fasse aucune
« impression dans leur esprit, mais que
« vous y entriez intimement ; bref, que vous
« mettiez en Jésus crucifié toutes vos pen-
« sées et affections, comme en votre époux,
« votre Dieu et celui pour lequel vous avez
« tout quitté[1]. » Il leur disait encore :

[1] *Exhortations*, ms. XXI, pp. 221-222.

« Saint Bonaventure et plusieurs autres
« Pères affirment qu'il n'y a point de meilleur
« moyen pour acquérir l'amour de Dieu que
« la considération des cinq plaies de Notre-
« Seigneur, et je n'avais jamais si bien com-
« pris qu'à présent comme cela se doit pra-
« tiquer. Nous devons donc aller à Dieu par
« les sacrées plaies de son Fils, mais spé-
« cialement par celle de son Cœur : de sorte,
« mes filles, que, quand vous produirez cet
« acte d'amour comme je vous enseignerai
« en la suite, quand par union vous entre-
« rez dans la participation des souffrances
« de votre époux et de sa passion, quand
« vous considérerez attentivement ses plaies
« et ferez votre demeure dans celle de son
« Cœur, vos âmes jouiront des douceurs et
« consolations célestes[1]. » L'enseignement
ainsi annoncé sur les plaies du Sauveur et
spécialement sur celle de son Cœur devait
être exposé surtout dans les onze *Exhor-*

---

[1] *Exhortations*, ms. XXI, pp. 261-262.

*tations sur la dévotion aux cinq Plaies.* Mais il se trouve aussi çà et là dans d'autres *Exhortations.*

En effet, il n'était pas très exact de donner en 1636 cet enseignement comme absolument nouveau. Le P. Joseph en fait alors l'objet propre de ses conférences. Mais il l'avait déjà exposé en partie, notamment du 2 novembre au 9 décembre 1635, dans quelques *Exhortations pour la retraite des dix jours,* et, le 26 juin précédent, dans une *Exhortation sur le Saint-Sacrement.* Et même il l'avait inauguré le 2 août 1634 dans sa première *Exhortation sur l'exercice de la Compassion.* Mais ces dates ne peuvent que confirmer ma thèse, puisque ce fut précisément vers le milieu de 1634 que le P. Joseph commença à poursuivre les principaux fauteurs de l'illuminisme. Donc, nul doute que ce ne soit la juste crainte des effets de l'illuminisme qui ait amené le P. Joseph à donner aux Filles du Calvaire, avec une dévotion nouvelle aux plaies du

Sauveur, tout un enseignement suivi et approfondi sur le Sacré-Cœur.

D'où le P. Joseph a-t-il tiré cette doctrine ? Exclusivement de la Sainte Écriture et seulement d'un petit nombre de passages choisis. En effet, le P. Joseph n'était pas de ceux qui, ne prenant que la superficie des textes sacrés, ont besoin de les compléter les uns par les autres et de les combiner ensemble pour établir une vérité théologique, mais de ceux qui, pénétrant au fond des choses, comprennent que, pour faire valoir ces textes, le moyen le plus naturel et le plus efficace est de les développer. Sur l'usage qu'il faisait de la Sainte Écriture, le P. Joseph a lui-même exposé et justifié sa pratique, précisément à propos d'un des passages dont l'interprétation devait fonder sa doctrine sur le Sacré-Cœur. « Il faut, dit-il à ses filles « du Calvaire, vous découvrir de nouveaux « secrets contenus en l'esprit de votre voca- « tion. Pour y tenir une méthode, je pren-

« drai un passage tout entier de la Sainte
« Écriture, qui convient très bien à cet
« esprit, afin que vous voyiez que ce dis-
« cours n'est pas fait à plaisir et composé de
« ma tête, mais que c'est un ouvrage tissu
« de la main de Dieu, un original apporté
« du ciel, où les volontés de votre époux
« vous sont manifestées entièrement, et non
« des pièces prises par ci par là selon le
« mouvement particulier, comme font cer-
« tains prédicateurs (ce que j'approuve bien),
« lesquels rapportent plusieurs sentences de
« l'Écriture sans s'arrêter à approprier un
« chapitre tout entier, s'accommodant ainsi
« à leurs auditeurs, qui en ce temps prennent
« plus de plaisir à l'éloquence des paroles
« qu'à la secrète connaissance des vérités
« éternelles. Quant à moi, j'aime bien mieux
« vous faire parler Dieu que de vous parler
« moi-même. C'est un grand bonheur
« lorsque l'on peut voir ainsi de suite en un
« même texte tout ce qu'il demande de nous.
« C'est une marque certaine que cette pièce
« n'est pas fabriquée de la main des hommes,

« mais de celle du Saint-Esprit[1]. » Alors, le nombre était bien petit des prédicateurs qui essayaient ou même soupçonnaient cette pratique. On ne peut donc assez admirer chez le P. Joseph l'extraordinaire sagesse qui lui permit d'appliquer, trente ans avant Bossuet, l'art que celui-ci appellera si justement « l'art de se donner de l'autorité en faisant parler Jésus-Christ dans sa langue naturelle ».

Établi sur la parole divine elle-même, l'enseignement du P. Joseph est aussi solide que possible. Il est d'ailleurs animé d'un saint enthousiasme tout séraphique, inspiré qu'il est par les plus pures traditions de la famille franciscaine, qui garda toujours très fidèlement, on le sait, l'amour de son chef pour le Sacré-Cœur. En effet, dit le P. Joseph lui-même, « saint François enferma le trésor « de toutes nos sciences dans le Cœur de « Jésus crucifié ». « O Cœur très pur de

---

[1] *VI⁰ Exhortation pour la retraite des dix jours*, ms. VII, pp. 214-215.

« Jésus, s'écrie-t-il encore, c'est donc vous
« qui avez touché si vivement le cœur
« de saint François et de tous les vrais
« disciples de ce grand saint![1] » Le P. Joseph
fut l'un de ces disciples. Pour le Sacré-Cœur
il eut les ardeurs, la flamme de son séraphique
Père. Avant de mourir, saint François cher-
chait une âme qui le comprît. Il la trouva
dans saint Bonaventure. Il l'eût trouvée de
même dans le P. Joseph. Les termes si élevés
et si chaleureux dans lesquels il a célébré les
rapports du Cœur de Jésus et du cœur de
saint François le prouvent[2].

Saint François et saint Bonaventure ont
scruté les merveilles et les bontés du Sacré-
Cœur. Ils les ont chantées en vrais lyriques.
Sur les unes et sur les autres le P. Joseph
n'a pas jeté un regard moins profond ni
moins amoureux. Mais il n'a pas, comme ses

[1] *Explication mystique de la Règle de saint
François*, p. 287.

[2] *Explication mystique de la Règle de saint
François*, pp. 290-306.

saints prédécesseurs, exhalé son enthousiasme religieux dans de pieux cantiques. Il a seulement exposé ses vues dans des leçons toutes pratiques. « Je puis affirmer sans « vanité, dit-il à ses filles, que vous ne trou- « verez point ce que je vous enseigne dans « aucun livre. Les livres disent bien quelque « chose de mieux que je ne saurais faire. « Mais cela, n'étant pas expliqué et appliqué « avec connaissance de votre état et capa- « cité, ne peut vous donner de lumière [1]. » Le P. Joseph explique et applique aux Filles du Calvaire la doctrine qu'ont chantée saint François et saint Bonaventure. Il ne saurait donc être lyrique à leur manière. Mais tel est son amour du Cœur de Jésus, tel est aussi son amour des religieuses qu'il dirige, que la sainte passion de son âme toute séraphique force souvent les obstacles de la forme didactique la plus rebelle au lyrisme et se manifeste clairement, même dans des leçons pra-

---

[1] *III*e *Exhortation sur la Compassion*, ms. XXI, ff<sup>os</sup> 101 v°, 102 r°.

tiques qu'elle tourne en rapides et vives exhortations. Si le P. Joseph n'a pas le lyrisme du poète, il a celui de l'apôtre.

En effet, le P. Joseph est un apôtre, un apôtre du Sacré-Cœur, désireux de le faire aimer, plus désireux de le faire imiter. Il ressent autant que personne les bontés du Cœur de Jésus ; autant que personne il admire ses merveilles ; mais il prêche surtout ses vertus. Il excite nos sentiments, il élève nos vues, mais il émeut surtout nos volontés. C'est l'action qu'il vise plus que tout le reste. Sans l'action, il juge que les plus douces joies du cœur, les considérations les plus sublimes de l'esprit sont sujettes à de lamentables illusions ; qu'elles peuvent faire le jeu de Satan, toujours prêt à se transformer en ange de lumière. La fausse quiétude et les prétendues illuminations s'ensuivraient facilement. Or, on sait quelle horreur le P. Joseph en a. Il les combat à outrance. N'ayons donc pas peur qu'il fasse rien qui les puisse amener ou occasionner. Ce qu'avant tout il veut procurer aux âmes, ce sont non des « états », mais des « actes », et s'il s'applique à donner de « belles connaissances », nous devons croire que ce sera seulement dans la mesure où elles conduisent à de « bonnes pratiques[1] ». Dans le Sacré-Cœur, il cherche beaucoup moins un agréable logis, avec des douceurs intérieures et des vues ravissantes, que la grande école des vraies et solides vertus, des vertus qui sanctifient la vie commune et les actions quotidiennes. Pour lui, il ne s'agit pas tant de jouir du divin Cœur de Jésus avec saint Jean que de s'y conformer avec saint Paul. Il veut considérer le Sacré-Cœur au banquet du cénacle, mais bien davantage encore au Calvaire, sur la croix. Comme il le dit sans cesse, il prêche « le Cœur « ouvert de Jésus crucifié ».

Biblique dans son origine, séraphique dans son esprit, pratique dans son but, telle est la doctrine du P. Joseph sur le Sacré-Cœur. Pour nous la représenter dans tout son jour, il n'y a plus, me semble-t-il, qu'une

---

[1] *Exhortations*, ms. IX, p. 261.

observation à faire. C'est que cette doctrine si digne d'être remarquée, le **P.** Joseph l'a donnée, comme tout le reste de ses œuvres spirituelles, sans aucun regard sur lui-même ni motif d'amour-propre. Comme il l'observe très justement, ses enseignements « ne sont « pas dits en termes élégants et bien ran- « gés », et c'est leur simplicité même qui les doit rendre « plus profitables que tous les « plus beaux discours[1]. » Il ne s'y est donc jamais recherché lui-même, et pour sa doc- trine sur le Sacré-Cœur il a pu, avec autant de vérité que jamais, faire entendre aux reli- gieuses du Calvaire cette parole qu'il aimait à leur répéter : « Mes filles, oubliez tout ce « que je vous ai dit, j'y consens volontiers; « pourvu qu'en somme vous aimiez Dieu « davantage, il suffit. »

C'est aussi en vue de faire aimer Dieu davantage que sont offertes ici aux âmes religieuses et dévotes d'aujourd'hui les plus

______

[1] *Exhortations*, ms. VII, p. 4o3.

belles pensées du P. Joseph sur le Sacré-Cœur. Je les ai cueillies çà et là dans ses *Exhortations*, et de ces pensées, ou plutôt de ces vraies fleurs du Calvaire, j'ai formé plusieurs corbeilles, toutes parfumées des vertus du divin Cœur de Jésus ouvert sur la croix. Puisse ce parfum se répandre dans les âmes ! Si la vôtre, cher lecteur, en est pénétrée et vivifiée ; si en lisant ces pages vous sentez croître en vous l'amour du divin Crucifié, vous remercierez Dieu d'avoir donné à son Église un serviteur ardent et généreux, un théologien pieux et éclairé comme le P. Joseph ; vous prierez pour que bientôt sa doctrine et sa vertu soient tirées de l'oubli injuste où elles sont ensevelies depuis deux cent soixante ans, et que cet ami, ce docteur, cet apôtre du Sacré-Cœur prenne la place à laquelle il a droit parmi « les précurseurs « directs de la Bienheureuse Marguerite-« Marie », qui s'appellent saint François de Sales, le P. Saint-Jure, le P. Nouet et le vénérable P. Eudes.

I

**Comment la vocation des Filles du Calvaire est d'habiter dans le Cœur de Jésus crucifié.**

Mes filles, l'esprit général du Calvaire est comme une infusion de grâces que Dieu a versées dans les âmes de votre congrégation, afin qu'elles se conforment au Fils de Dieu mourant, qu'elles entrent dans son Cœur et compatissent à ses souffrances avec la sainte Vierge.

VIII<sup>e</sup> Exhortation pour la retraite des dix jours, Ms. VII, p. 320.

Vous autres, Filles du Calvaire, êtes si heureuses que vous êtes appelées par votre vocation à connaître ce qui se passe dans le Cœur du Sauveur, et les mystères qui sont renfermés en Jésus crucifié, non d'une façon commune comme dans le monde, où l'on pense à la Passion le Vendredi Saint, et puis l'on ne s'en souvient plus. Mais il faut que tous les jours de votre vie se passent à faire ce que les communs chrétiens font une fois l'an. C'est en la vertu de cette vocation de Dieu que tout votre bien consiste. C'est par elle que vous devez espérer l'accomplissement des promesses qui vous sont faites. La puissance de Dieu vous est engagée par le contrat de votre profession. Car, lorsque par vos vœux vous avez renoncé au monde pour embrasser Jésus-Christ comme votre unique époux, il s'est obligé de vous donner un trésor en la terre et au ciel, et de vous faire entrer en son Cœur, où habite la plénitude de la divinité, d'où découlent toutes les grâces.

*Retraite des dix jours*, 1ʳᵉ oraison de la IVᵉ journée, pp. 259-260.

On voit assez de beaux tableaux qui représentent Jésus crucifié. Toutefois il y a peu de chrétiens qui s'arrêtent à pénétrer ce Cœur ouvert, ni à célébrer les mystères de la Passion, comme vous y êtes obligées par la profession de vos vœux.

*XI^e Exhortation pour la retraite des dix jours*, Ms. VII, pp. 4 6-437.

C'est à savoir s'il se trouve seulement un petit nombre de chrétiens qui aient dessein d'entrer dans ce temple intérieur, dans le saint des saints, dans la conformité du Cœur de Jésus crucifié, dans une vraie observance de la loi chrétienne et dans un vrai dessein de la perfection. Or, mes filles, c'est à nous autres d'y entrer, puisque Dieu nous a donné une vocation si spéciale. Que si nous ne faisons notre devoir, qui est-ce qui le fera ?

*VI^e Exhortation sur les Cinq Plaies*, Ms. IX, p. 360.

Il faut lever le rideau et vous découvrir ce mystère d'amour de Jésus crucifié. C'est à quoi j'ai tâché depuis longtemps de vous disposer toutes, présentes et absentes, par divers enseignements, exercices et connaissances consécutives, lesquelles néanmoins se réduisent en une seule chose qui est abrégée en ce mot : Aimer Notre-Seigneur crucifié. Quand tous les hommes du monde, les anges du ciel, voire Jésus lui-même, seraient ici, ils ne vous pourraient dire que cela.

Vous me direz : Quel est donc votre dessein ? — C'est de vous faire aimer et imiter Jésus crucifié, vous déloger et transférer du royaume de votre propre amour en celui de Jésus crucifié, vous établir et vous faire habiter sur le Calvaire ans le Cœur de Notre-Seigneur, dans son amour, par désirs et affections, vous réunir toutes ensemble dans ce Cœur sacré.

Vous me direz : Mais que ferons-nous, quand nous serons là ? Car ce que vous nous dites nous excite et nous donne courage d'y parvenir et de faire tous nos efforts pour nous tenir fermes sur le Calvaire avec Notre-Seigneur et sa sainte Mère. Car, puisqu'il y a posé et établi son siège et sa demeure, il faut bien que ce soit quelque chose de grand ; c'est comme s'il y avait mis le paradis. — Vous y ferez chose grande, puisque vous y serez avec le Sauveur, qui vous rendra participantes de ses couronnes et de sa gloire. Nous ne sommes point encore entrés en ce saint lieu ; nous l'avons seulement salué de loin et comme en passant.

*I*ʳᵉ *Exhortation sur le XXXIII*ᵉ *d'Isaïe,*
ms. III, pp. 5-6.

C'est grand chose que nous ayons la hardiesse de dire à de pauvres filles comme vous des mystères si profonds et sublimes. Mais Dieu vous rend capables de les entendre par la force de votre vocation qui vous appelle à avoir effectivement la possession de ce Cœur de votre Époux, où vous découvrez tous ses trésors et richesses. Il ne vous en faut jamais séparer, mes filles.

*X<sup>e</sup> Exhortation sur les Cinq Plaies*, ms. IX, p. 465.

Mon dessein est de vous faire entrer en ce Cœur divin, en l'amour de Notre-Seigneur, que vous l'aimiez tendrement, de tout votre cœur, sans exception et sans borne.

*II<sup>e</sup> Exhortation sur les Cinq Plaies*, ms. XXI, f<sup>o</sup> 276 r<sup>o</sup>.

Mes filles, je vous supplie de me permettre de prendre vos cœurs pour les mettre dans la vraie intelligence de l'esprit de votre vocation, dans le Cœur du Fils de Dieu, dans le dessein de l'aimer parfaitement et de fuir tout le mal et de faire tout le bien que vous connaîtrez.

*IX<sup>e</sup> Exhortation pour la retraite des dix jours*, ms. VII, p. 367.

Quand vos âmes viendront à penser : Pourquoi suis-je venue au Calvaire? Que n'ai-je choisi une religion mitigée où l'on vit largement dans les plaisirs et consolations des sens? C'est que, direz-vous, je me suis tournée du côté d'aquilon, parce que mon cœur a été touché de la pierre d'aimant, ce Cœur de Jésus crucifié ; ce qui me donne envie de l'imiter, et pour cela j'ai choisi la prière, la croix et la souffrance.

*I*re *Exhortation sur les Cinq Plaies*, ms. XXI, f° 272 v°.

Renouvelez vos vœux avec dessein de laisser toucher vos cœurs de ce divin aimant, qui est le Cœur de Jésus crucifié.

*I*re *Exhortation sur les Cinq Plaies*, ms. XXI, f° 274 r°.

*Veni*, venez, entrez dans le Cœur de Jésus et demeurez avec lui en la croix jusqu'à la mort.

*VI*e *Exhortation pour la retraite des dix jours*, ms. VII, p. 219.

## II

**Comment dire assez, comment bien parler
du Cœur de Jésus crucifié ?**

Si un ange avait à vous entretenir sur le
Cœur ouvert du Sauveur dès cette heure
jusqu'à la fin du monde, il trouverait toujours de quoi dire, et jamais vous ne vous
lasseriez de l'entendre. Car ces choses sont
admirables en la pratique et au sentiment.
C'est ce que vous apprendrez dans le Cœur
même du Fils de Dieu, quand vous y aurez
une intime entrée.

*X*<sup>e</sup> *Exhortation pour la retraite des dix
jours*, vers la fin.

Nous avons dessein en suivant ce que nous avons déjà dit sur le Cœur de Jésus — ce qui est la plus excellente chose dont on puisse parler — de vous découvrir des mystères, des merveilles que vous n'avez point encore connues, ne les ayant dites ni à vos sœurs[1] ni à vous[2]. Car, combien que tous nos discours n'aient été que pour vous faire pénétrer en ce divin Cœur, néanmoins il reste tant de choses à y considérer, que je puis dire que vous n'en avez encore rien connu, eu égard à ce qui vous reste à connaître, et moi je ne vous en ai encore rien dit en comparaison de ce qui s'en peut dire. J'ai eu un spécial mouvement de vous réserver ce secret de l'Écriture qui parle du Cœur ouvert de Jésus-Christ, pour voir si vous en ferez profit et si vous correspondrez au saint nom que vous avez l'honneur de porter de Filles de crucifixion, et au désir qu'on a eu

[1] Du Calvaire de la Compassion, au Luxembourg, fondé en 1620.
[2] Du Calvaire de la Crucifixion, au Marais du Temple, fondé en 1634.

en l'établissement de cette maison. Or, j'avoue que cette doctrine surpasse votre capacité. Mais j'espère que la bénédiction de Dieu et la force de votre vocation vous la feront comprendre.

*IX<sup>e</sup> Exhortation sur les Cinq Plaies,*
ms. IX, pp. 421-422.

Nous avons déjà dit tant de choses sur ce Cœur divin qu'il semble qu'il n'y ait plus rien à dire. Et cependant, je trouve que nous n'en avons encore rien dit, en comparaison de ce qui reste. Car, comme c'est le Cœur d'un Dieu, il est infini. On y découvre toujours de nouveaux secrets.

*II<sup>e</sup> Exhortation sur les Cinq Plaies,*
ms. XXI, f° 276 r°.

Je prends plaisir à vous expliquer les secrets du Cœur de Jésus, qui est la plus parfaite école où l'on puisse apprendre les mystères divins. L'on y trouve toujours à dire chose nouvelle.

*VIIe Exhortation sur les Cinq Plaies*,
ms. IX, p. 373.

C'est donc maintenant à nous d'ouvrir ce Sacré-Cœur de Notre-Seigneur... Je confesse que je suis bien empêché d'entrer en cette merveille ; car il y a tant de si belles choses à dire, inconnues à votre compréhension et à la mienne, que je ne sais si je vous les dois expliquer et si vous êtes disposées à les entendre. Mais je me confie que Dieu suppléera à votre faiblesse et à la mienne. D'ailleurs, vous comprendrez mieux ces mystères dans vingt ans qu'à présent. Car ce ne sont pas des fleurs qui se flétrissent et passent avec le temps, mais des fruits d'éternité qui s'embellissent toujours.

*VIIIe Exhortation sur les Cinq Plaies*,
ms. IX, pp. 393-394.

Il faut avouer, mes filles, que, si nous étions sages, nous n'aurions jamais d'autre pensée que de ce Cœur et serions toujours là-dedans... Souvent l'Apôtre dit qu'il ne veut rien connaître que Jésus-Christ crucifié, et en cela il abrège toute la perfection chrétienne. Et moi, je dis que je ne veux rien connaître que ce Cœur de Jésus crucifié, et qu'en cela je fais consister toute la perfection, d'avoir un dessein véritable d'entrer dans ce Cœur divin avec plénitude de foi et d'amour. C'est ce que dit saint Paul : « Approchons-nous de ce Cœur avec vrai désir, pleine foi et bonne conscience. Entrons-y et nous y cachons [1] ! »

VI<sup>e</sup> Exhortation sur les Cinq Plaies,<br>ms. IX, pp. 358-359.

[1] *Accedamus cum vero corde in plenitudine fidei.* Hebr.. x, 22.

# III

## Sous quels aspects est ici envisagé le Sacré-Cœur.

Le Cœur de Jésus-Christ contient en soi la plénitude de toutes les grâces et trésors du Père. C'est de son Cœur et de son amour, dont le cœur est le symbole, que tout notre bien procède.

*V*e *Exhortation sur les Cinq Plaies*, ms. IX, p. 340. — « La dévotion au Sacré-Cœur de Jésus ne consiste pas seulement à aimer et à honorer d'un culte singulier ce Cœur de chair semblable au nôtre, qui fait une partie du corps adorable de Jésus-Christ ; l'objet et le motif principal de cette dévotion est l'amour immense du Fils de Dieu qui l'a porté à se livrer pour nous à la mort ». Ainsi parlait, en 1691, l'auteur de *La Dévotion au Sacré-Cœur de Jésus*. Ainsi pensait, en 1634-1638, le P. Joseph.

Quant à l'ouverture matérielle, elle a été faite par la main d'un soldat. Mais, voyant les choses dans leur vraie cause, c'est le Père qui a pris plaisir de nous ouvrir le Cœur de son Fils, afin de nous témoigner ainsi son amour, dont le cœur est la source et le symbole.

> *VIII^e Exhortation sur les Cinq Plaies,*
> ms. IX, p. 414.

Le Cœur de Jésus nous est la marque et le symbole de son divin amour.

> *X^e Exhortation sur les cinq Plaies,* ms. IX,
> p. 458.

Passion de Notre-Seigneur, bienfaits de Dieu, création, conservation, rédemption, on peut voir toutes ces choses réduites en abrégé dans le Cœur du Sauveur, non en son Cœur de chair, qui est pourtant adorable, étant uni à la divinité, mais en son amour et en sa dilection éternelle, dont le cœur est le symbole.

> V<sup>e</sup> *Exhortation sur les Cinq Plaies*, ms. IX,
> p. 324.

« *Deus meus, volui et legem tuam in medio cordis mei.* Mon Dieu, je l'ai voulu et j'ai mis votre loi au milieu de mon Cœur... » Le Cœur de Notre-Seigneur, à proprement parler, n'est autre que son Père, son amour et sa volonté, de façon que ce qui anime le Cœur mourant de Jésus-Christ ou son Cœur vivant et ressuscité n'est autre que l'amour et la volonté de son Père. Le Fils est dans le Cœur du Père et le Père est dans le Cœur du Fils. Et comment cela? C'est une belle découverte, de pénétrer dans ces amours mutuels du Père vers son Fils et du Fils vers son Père. Le cœur est le symbole de l'amour et de la volonté qui donnent le mouvement à tout ce qui est spirituel, comme le cœur sensible à ce qui est corporel. Je soutiens donc et dis que le Cœur du Père est le Fils. Saint Jean le montre clairement en son premier chapitre, disant que le Fils est au sein du Père, « *Unigenitus est in sinu Patris* »; ce qui signifie, dans le Cœur, dans son intimité, dans le secret le plus caché de son Cœur.

*VII[e] Exhortation sur les Cinq Plaies,* ms. IX, pp. 374-375.

Mes filles, représentez-vous que le Père éternel vous parle distinctement et vous dit : Il faut que vous sachiez qu'il y a chez moi une caverne. (Tous les Pères de l'Église expliquent ce mot : *in caverna maceriæ*[1], disant que c'est cette muraille ouverte dont il est parlé au *Cantique,* qui est le Cœur percé du Fils de Dieu.) Il y a en moi un lieu qui est la chose plus chère et précieuse que j'aie et que je préfère, s'il faut ainsi dire, à

---

[1] *Surge, amica mea, speciosa mea, et veni. Columba mea, in foraminibus petræ, in caverna maceriæ, ostende mihi faciem tuam.* Cant. II, 14.

tout ce qui est en ma divinité. Car, si en moi
il pouvait y avoir quelque chose de plus
parfait (ce qui ne se peut, parce qu'en Dieu
tout est également aimable et aimé), ce serait
ce Cœur de mon Fils.

Vous me demanderez : Entendez-vous parler du Cœur matériel du Fils de Dieu ouvert
en la croix ? — Oui, d'autant que cet homme
mort étant uni personnellement à la divinité,
il s'ensuit que ce Cœur était le Cœur d'un
Dieu mort. Et, comme le cœur est le symbole et le siège de l'amour, ainsi le Cœur du
Fils de Dieu mort était le siège de l'amour
du Père, d'où est dérivé notre salut avec
toutes sortes de biens pour enrichir le ciel et
la terre... Car, pour bien parler de ce Cœur
divin, il faut savoir que le Fils de Dieu est
dans le sein de son Père comme son Cœur,
c'est-à-dire que le Père l'aime uniquement,
comme étant son Fils unique. En effet,
comme il dit en saint Jean : « Je suis en mon
Père et mon Père est en moi », le Père et le
Fils s'entr'aiment d'un même amour. Le
Père donne tout son amour à son Fils... Or,

le Père, par excès d'amour, nous a donné son Fils. Par conséquent, il nous a donné son Cœur, son amour. Quel plus grand présent pouvait-il faire que son cher Fils, dans lequel sont tous ses trésors ! Et pour nous assurer de cette donation, il l'a envoyé au monde. Et, chose admirable ! Jésus ne s'est pas contenté de nous rendre les preuves incomparables de son amour durant sa vie par des peines et travaux indicibles ; mais encore après sa mort il a voulu que son Cœur ait été ouvert, afin de nous faire entrer en l'amour et possession du Père et du Fils. Autrement, nous n'eussions pu en approcher.

Vous me direz : Ne peut-on pas aimer Dieu et se sauver par une autre voie qu'en entrant dans le Cœur de son Fils ? — Oui, il peut bien nous tirer à lui par une autre manière. Toutefois ce n'est pas à nous de lui faire la loi, mais d'adorer et révérer sa conduite sur nous et suivre le trait par lequel il nous appelle. Il peut tout, mais l'amour de Jésus n'a point trouvé de moyen plus excellent, après être mort pour nous, que de nous laisser en son Cœur, afin d'y posséder par grâce les divines personnes ensemble et toutes leurs richesses. Il n'y a point de plus grand témoignage d'amitié que celui-là. Car c'est nous dire : Je ne me suis rien réservé, je me suis tout épuisé par amour ; je vous ai donné mon sang, ma vie et tout ce que j'ai. Il n'y a point de travaux que je n'aie soufferts pour vous durant ma vie, et après ma mort j'ai permis par ma divine Providence que mon Cœur ait été ouvert pour vous servir de retraite. Voilà qui doit bien suffire pour toucher nos cœurs de son amour.

*IX<sup>e</sup> Exhortation pour la retraite des dix jours*, ms. VII, pp. 353-357.

Mes filles, entrons dans ce Cœur divin, aimons ce bon Sauveur, et, à proportion que nous l'aimerons, nous serons aimés de son Père. Il y a là-dessus de si belles paroles en saint Jean ! « Si quelqu'un m'aime, mon Père l'aimera et je me manifesterai à lui », voulant dire : Si quelqu'un veut m'aimer de cet amour crucifiant qui donne la mort aux sens, de cet amour qui donne tout, jusqu'à vouloir mourir pour moi, c'est celui-là qui sera grandement aimé de mon Père et auquel je montrerai les secrets de mon Cœur et de mon amour.

IX<sup>e</sup> Exhortation pour la retraite des dix jours, ms. VII, p. 358.

Le Cœur de Jésus est le centre de toutes les actions de Dieu.

V<sup>e</sup> Exhortation sur les Cinq Plaies, ms. IX, p. 340.

# IV

## Comment le Cœur ouvert de Jésus crucifié attire notre cœur et se l'unit.

Appelées à l'imitation de Jésus-Christ crucifié, je m'assure que vous êtes résolues de vous lever, hâter et persévérer, *surge, propera et veni*. Mais vous me direz que vous ne savez où vous devez aller. La suite des paroles du *Cantique* vous l'apprend clairement quand elles vous disent : *in foraminibus petræ, in caverna maceriæ*. Venez dans les pertuis de la roche et dans la caverne de la masure. Tous les Pères, unanimement, expliquent ce passage des plaies du Sauveur. Par les pertuis de la roche, ils entendent les plaies des pieds et des mains, et par la caverne de la masure, le Cœur.

*VIe Exhortation pour la retraite des dix jours*, ms. VII, p. 221.

Dieu appelle l'âme sa colombe : « *Veni, columba mea, in foraminibus petræ.* Venez à moi, entrez en mon Cœur, dans mon amour, dans ma volonté ». Que dirons-nous à ce divin époux ? Aurons-nous les oreilles sourdes à cet appel si cordial ? Refuserons-nous la plus singulière grâce qui se puisse faire à une âme ? Mes filles, où saurions-nous mieux aller que là ? Faisons un peu un tour d'esprit par tout le monde, et voyons s'il y a quelque palais ou demeure plus agréable que le Cœur de Jésus crucifié. Certainement il n'y a rien de mieux pour nous. Car, quoi de plus agréable que d'être dans l'amour de Dieu ? En sa justice ? Elle n'est pas utile pour nous, misérables pécheurs ! Nous n'avons pas besoin d'être jugés selon sa rigueur. Dieu nous en veuille bien garder! Nous serions tous perdus! Dans sa science? Hélas! nous ne sommes que des ignorants et aveuglés, qui ne pourrions supporter la lumière. Elle nous étoufferait et nous renverserait par terre comme saint Paul. Ainsi des autres perfections. Où saurions-nous donc trouver un meilleur recours qu'en cet amour divin, en l'amour de celui qui nous vient tirer de la caverne des dragons, de notre boue, de nos misères, pour nous loger dans son Cœur? Quel excès d'amour!

*VII<sup>e</sup> Exhortation pour la retraite des dix jours,* ms. VII, pp. 284-285.

Quand le coup de lance fut donné, la divinité et l'humanité jetèrent de grandes flammes, de grandes lumières et de grandes splendeurs. *In splendore fulgurantis hastæ tuæ*[1]. Quand ce carquois du Cœur de Jésus

---

[1] *In luce sagittarum tuarum, ibunt in splendore fulgurantis hastæ tuæ.* Habacuc, III, 11.

fut ouvert, on en vit sortir des flèches bien pointues et acérées... Le Prophète compare ici le Cœur de Jésus, non à un cabinet de délices ou lieu de paix et de repos, mais à un grand carquois de guerre, plein de flèches, lequel étant ouvert vient à verser tant de dards et sagettes d'amour sur les âmes pour les attirer, qu'elles ne peuvent résister à tant d'amoureuses violences. Cela paraît si clair et manifeste qu'il semble presque qu'on voit à l'œil accomplir ces mystères, lorsqu'on se représente l'ouverture du Cœur de Jésus.

*IX^e Exhortation sur les Cinq Plaies,*
ms. IX, pp. 430-431.

Voilà donc cinq plaies que je vous laisse à considérer. Je vous ai fait voir cette porte du paradis, ce Cœur de Jésus ouvert, lequel vous appelle à haute voix, afin que vous y entriez et établissiez votre demeure. Si vous demeurez en ces pensées, vous en tirerez bien plus de profit que de vous amuser à vous barbouiller vous-mêmes par propre amour. — Mais comment ferons-nous cela? — Aimez Dieu. — Et comment l'aimerai-je? — Comment vous aimez-vous vous-même? Il ne faut point vous l'apprendre. Vous le savez bien. Tournez continuellement toutes vos pensées vers Dieu, comme l'aiguille d'un cadran, laquelle étant frottée d'aimant, se tourne toujours vers le septentrion.

I<sup>re</sup> Exhortation sur les Cinq Plaies,<br>ms. XXI. f° 267 v°.

Voilà une bonne âme qui se met sur le Calvaire au pied de la croix. Elle voit comme Notre-Seigneur l'attend, lui ouvrant ses bras et son Cœur. Il lui dit : Voici que je t'attends, ne crois pas que je me sois enfui pour tes ingratitudes, je suis encore tout prêt à te recevoir. Tu crois que je suis ton Dieu et Sauveur, que je suis mort pour toi; opère selon cette croyance et l'exemple que je t'ai montré. Tu crois que je suis mort et ressus-

cité pour l'amour de toi ; il faut aussi que tu
meures et ressuscites pour mon amour.
Porte la main dans mon Cœur, que j'ai
ouvert, afin que tu puisses y entrer.

*III<sup>e</sup> Exhortation sur les Cinq Plaies,*
ms. IX, p. 276.


L'âme considère cette source divine, ce
Cœur ouvert pour l'y faire entrer. Elle lui
ouvre aussi le sien et tâche de se cacher dans
cette plaie d'amour.

*II<sup>e</sup> Exhortation sur le Saint-Sacrement,*
ms. III, f<sup>o</sup> 780, v<sup>o</sup>.


Ce touchement d'amour que Dieu donne
fait que l'âme, voyant le grand penchement
que ce Cœur de Jésus-Christ a vers elle, se
porte aussi réciproquement vers lui, s'exerce
à tous moments à des actes d'amour et
d'union à ce divin Cœur.

*V<sup>e</sup> Exhortation sur les Cinq Plaies,*
ms. IX, p. 349.

Faisons donc ce que dit saint Paul. Approchons-nous de ce Cœur de Jésus avec un vrai cœur. Ouvrons-lui notre cœur avec sincérité, allons avec plénitude de foi et d'amour, sortons de nous-mêmes, unissons-nous à ce Cœur divin, et sans doute il nous transformera en lui.

*I*<sup>re</sup> *Exhortation sur le Saint-Sacrement,*
ms. III, f<sup>o</sup> 776 r<sup>o</sup>.

Notre cœur a un mouvement d'amour vers celui du Fils de Dieu, comme s'il se tournait vers son centre et vers son aimant, avec une sainte inquiétude, comme ne pouvant avoir autre repos qu'en ce retour continuel vers le Cœur de Jésus, qui influe en l'àme une sainte ardeur par une attraction secrète qui l'attire toujours comme l'aimant fait le fer... L'àme alors, soit qu'elle aille ou qu'elle vienne, qu'elle parle ou qu'elle agisse, toujours a en objet ce Cœur et se tourne vers lui comme vers le centre de son amour avec une sainte inquiétude qui ne lui donne aucun repos, quelque part qu'elle soit. Je ne parle pas d'une inquiétude imparfaite, comme celle que vous avez souvent en l'objet de vos fautes. Celle-là vient de vous et y retourne. Mais celle-ci vous reporte vers Dieu et fait que l'âme prend une habitude d'union intime avec lui et s'accoutume à voir uniquement tous ses trésors et consolations en ce Cœur divin, qui est notre aimant, notre amour et notre félicité parfaite.

X<sup>e</sup> Exhortation sur les Cinq Plaies,<br>ms. IX, pp. 458-459.

Mais voici bien autre chose. Car il semble que notre cœur soit le centre du Cœur de Dieu ; tant il désire y être uni, non par nécessité, mais en tant qu'il l'a choisi pour l'objet de son amour et de ses délices. De sorte que voilà deux cœurs qui s'entre-regardent toujours et ne sauraient durer l'un sans l'autre. Ah ! que voilà un attache-

ment de ces deux cœurs qui me plaît et qui
nous est bien utile !

I<sup>re</sup> Exhortation sur les Cinq Plaies,<br>
ms. XXI, f° 259 v°.

Pourquoi disons-nous que notre cœur est
le centre du Cœur de Dieu ? Parce qu'il
lui a plu de l'élire pour le lieu de ses délices.
Pourquoi a-t-il fait tant de merveilles en la
loi de nature, en la loi écrite et en celle de
grâce ? Pourquoi est-il descendu du ciel en
terre et a fait tant de voyages et enfin est
mort ? C'est afin d'avoir notre cœur et notre
amour. Il tend toujours à ce centre. Il n'a
point de cesse et il semble qu'il n'est point
content qu'il ne l'ait gagné.

I<sup>re</sup> Exhortation sur les Cinq Plaies,<br>
ms. XXI, f° 261 r°.

Il faut essayer avec une constance invin-
cible, une grande humilité et simplicité, d'en-

trer dans ce saint cabinet du Calvaire qui est le Cœur de Jésus-Christ. Que si vous n'y êtes introduites tout d'un coup, il ne vous faut pas décourager ni vous étonner des fautes de fragilité.

IX<sup>e</sup> Exhortation sur les Cinq Plaies,<br>ms. IX, p. 452.

Quand vous êtes tombées, votre remède n'est pas de vous retourner vers votre cœur, mais d'entrer dans ce Cœur amoureux de Jésus. — Oh ! mais, je ne sais comme il faut faire cela. — Sitôt que vous avez commis quelque imperfection, produisez un acte d'une forte résolution d'aimer Dieu et de vous amender, et vous y serez déjà. — Oh ! non, car je suis troublée, il faut que je retourne à mes inquiétudes et que je m'attriste par scrupule. — Mais ce n'est pas là votre centre, vous n'y trouverez que faiblesse et embrouillement. Retournez promptement en ce Cœur de Dieu autant de fois que vous en serez sorties, et vous y trouverez repos et joie d'esprit, et votre cœur prendra grand plaisir de converser avec Dieu.

*I*re *Exhortation des Cinq Plaies,* ms. XXI, ffos 260-261.


Quand cette colombe est dans le Cœur de Jésus, qu'est-ce qu'elle fait là, si bien logée? Elle, qui était auparavant cadenassée en l'obscure prison de ses péchés, où à peine voyait-elle le jour, aussitôt qu'elle est sortie de là par la force de sa vocation, par la vivacité de sa foi et de son amour, jointe à une forte volonté de ne plus retomber, alors elle se trouve introduite dans ce Cœur et dans la volonté de Dieu comme dans une forteresse inexpugnable. C'est bien changer de demeure? Là, elle gémit, elle voit les merveilleux effets de l'amour de Dieu vers elle, sa puissance infinie à supporter ses ingratitudes, et qu'au lieu qu'elle se devait tourner en courroux contre elle, elle s'est tournée à miséricorde. Ce qui fait qu'elle est ravie d'admiration, se convertit de nouveau, redouble son amour vers un si bon Dieu, devient confiante et obéissante à ses inspirations. Elle s'enferme dans ce Cœur divin, comme dans un asile, d'où elle ne sort que le moins qu'elle peut. Si sa faiblesse l'en fait sortir et tomber en l'imperfection, aussitôt elle y revole promptement par un essor du franc arbitre. Une autre, découragée, dira : Ah ! mais je n'oserais aller là ; car j'ai trop offensé Dieu ! — Où irez-vous donc ? Au diable ? C'est une mauvaise demeure. Il vaut bien mieux aller à Dieu, puisqu'il vous appelle, en quelque état que vous soyez.

*VII<sup>e</sup> Exhortation pour la retraite des dix jours*, ms. VII, pp. 285-287.

L'âme s'enfuit dans son lieu de refuge, dans le Cœur de Jésus.

*VII<sup>e</sup> Exhortation pour la retraite des dix jours*, ms. VII, p. 277.

Cela seul — que le Cœur de Jésus soit une *maceria* — ne nous y introduira pas. Il faut encore y joindre la fidèle correspondance de nos soins à arracher les pierres qui nous en ferment l'entrée, c'est-à-dire à ôter les obstacles de notre avancement. L'on ne jette pas tout à coup cette muraille par terre, mais il faut au moins toujours y travailler, lorsque Dieu vous commande de tendre à une perfection sublime, de quitter vos affections et inclinations, de vous donner toutes à lui et d'entrer dans le Cœur de son Fils. Il n'entend pas que vous fassiez cela tout en un instant et que vous produisiez des actes si violents qu'ils vous mettent, dès que vous les avez produits, en un état de perfection éminente. Il se contente que vous en ayez le désir et que vous vous amendiez peu à peu, pratiquant tantôt une vertu, tantôt une mortification, et ainsi que vous acquériez de bonnes habitudes qui vous conduisent dans le ciel.

Lorsqu'une bonne âme a envie d'entrer dans ce Cœur, que fait-elle ? Comme elle voit qu'elle ne peut s'y introduire tout à coup,

elle se tient au pied de la croix, avance tout
doucement sa main, frappe avec humilité,
pousse un désir, lequel comme une flèche
perce ce Cœur et lui fait un petit jour. C'est
ce que vous faites tous les jours dans vos
oraisons et méditations ; vous essayez de
faire de nouvelles brèches dans la volonté du
Sauveur, afin d'apprendre les secrets de son
amour crucifié. Pourquoi ne vous y introduit-
il pas tout d'un coup? C'est que l'excès de
ses grâces serait la cause de votre perte,
parce que vous vous enorgueilliriez, croyant
qu'elles vous seraient communiquées par vos
mérites. Voilà pourquoi sa bonté vous les
ménage et verse peu à peu. Il veut que vous
passiez par la croix, par la conformité et
compassion de ses douleurs à la sûre possession de ce bonheur. L'âme persévérant ainsi
avec patience à démolir cette muraille, Jésus
en a pitié. Il lui darde de petites lumières,
lui donne au travers de ces pierres mal jointes
de nouvelles illustrations, lesquelles, comme
autant de flèches d'amour, l'enflamment au
dessein de passer au travers de ce Cœur pour

contempler la gloire de son Dieu à découvert. Enfin la constance de cette âme l'emporte, et elle est tout étonnée qu'elle se trouve introduite sans peine dans ce Cœur. Ce que voyant, elle s'y renferme heureusement jusqu'au jour du jugement et tâche d'y conformer toutes ses pensées et opérations. Voilà le modèle d'une vraie Fille de Calvaire.

*VI° Exhortation pour la retraite des dix jours, ms. VII, pp. 233-235.*

L'acte du Cœur de Jésus souffrant et s'offrant à son Père et lui disant : « *In manus tuas, Domine, commendo spiritum meum.* Mon Père, je remets mon esprit entre vos mains, je m'abandonne tout à vous », est la plus grande action qui ait été faite. Ainsi, en la vie spirituelle, le plus excellent acte que l'âme puisse produire, c'est de s'abandonner à Dieu.

*IX° Exhortation sur les Cinq Plaies, ms. IX, pp. 445-446.*

Les âmes dans cette pratique d'un total abandon font un si grand progrès, que c'est chose qui ne se peut dire... Ressouvenez-vous que c'est dans la croix où Notre-Seigneur est le plus dignement servi et honoré, que c'est là où vous le devez suivre et accompagner par cet acte d'abandon et délaissement de vous-même, à quoi se doivent terminer toutes vos pratiques. Aussitôt que Dieu trouve une âme disposée à cela, n'ayez pas peur qu'il la laisse longtemps en chemin; il la fait entrer bien vite dans son cabinet, qui est celui de l'époux dont parle l'épouse au VIIIe des *Cantiques*.

IXe *Exhortation sur les Cinq Plaies,*
ms. IX, pp. 446-447.

Il était entièrement nécessaire pour notre salut que le Cœur du Fils de Dieu ne fût point cimenté, d'autant qu'il eût été inflexible à nos misères; mais que ce fût un Cœur auquel nous pussions facilement faire des ouvertures et qui s'accommodât à nos faiblesses.

*VI^e Exhortation pour la retraite des dix jours*, ms. VII, p. 233.

Pourquoi le Cœur de Jésus est-il comparé par l'Écriture à une muraille sèche, et non pas à un rocher, ou au moins à une muraille cimentée? C'est que, s'il eût été cimenté, nous n'y eussions jamais pu entrer ni passer au travers. Et ainsi nous eussions tous été perdus. Car il faut entrer par la volonté temporelle, par l'observance des préceptes du Fils de Dieu, dans la vie éternelle.

*VI^e Exhortation pour la retraite des dix jours*, ms. VII, p. 230.

## V

### Comment le Cœur ouvert de Jésus crucifié s'écoule, s'imprime en notre cœur et le transforme.

L'âme doit ouvrir son cœur pour recevoir en soi le Cœur du Fils de Dieu, le priant qu'il lui plaise s'écouler et se verser en elle, ou bien recevoir son cœur en son Cœur, afin que désormais il soit l'esprit de son esprit, l'âme de sa vie, le centre et le cœur de toutes ses pensées et affections.

VII<sup>e</sup> Exhortation sur les Cinq Plaies,<br>ms. IX, pp. 377-378.

L'âme, se tenant au pied de la croix, dit avec David : *Calicem salutaris accipiam*, et elle présente son cœur à Dieu comme un vaisseau, le suppliant de vouloir le remplir de son sang précieux. Et Notre-Seigneur, réciproquement, voyant cette âme s'ouvrir ainsi à lui, fait écouler son Cœur et la plénitude de grâces qu'il contient, en sorte qu'elle se trouve remplie de ce sang, c'est-à-dire de l'effet de la rédemption, qui la rend forte et vigoureuse dans tous les exercices de pénitence.

*IXe Exhortation sur les Cinq Plaies,* ms. IX, pp. 447-448.

Il y a grande différence d'une âme qui a dessein de se conformer au Cœur de Jésus crucifié à celle qui n'en tient compte. Car il y a bien à dire de cœur à cœur, d'un amour limité ou d'un autre qui est sans borne. C'est pourquoi je vous exhorte de ne pas perdre courage en la peine qu'il y a de rejeter de vous tout ce qui déplaît à votre époux, mais de prendre soin d'enrichir vos âmes et considérer la dissimilitude qu'il y a entre le Cœur de Jésus crucifié et les vôtres, afin de travailler à ce qu'ils en aient au moins quelque ressemblance.

*IV<sup>e</sup> Exhortation pour la retraite des dix jours*, ms. VII, p. 363.

Il faut chasser de son cœur toutes les fausses idées, quitter l'amour-propre et toutes les autres imperfections qui font obstacle au Cœur de Dieu et l'empêchent de nous animer et vivifier, et, après avoir fait cela, se mettre au pied de la croix et dire : Mon Seigneur, je vous offre mon cœur. Recevez-le, s'il vous plaît, ou que je reçoive le vôtre. Que votre âme se verse dans mon âme par l'ouverture sacrée de votre Cœur en cette croix.

*VII<sup>e</sup> Exhortation sur les Cinq Plaies*, ms. IX, p. 382.

Comment pourrais-je parvenir à cet incompréhensible bonheur de faire que le Cœur de Dieu soit le cœur de mon cœur? Comment pourrais-je entrer dans ce divin Cœur, ou faire qu'il s'écoule dans le mien? — Ce sera, si vous mettez bien la loi de Dieu et sa volonté dans vos cœurs. Si vous faites bien cela, je vous puis assurer que le Fils de Dieu sera le cœur de votre cœur.

*VII*e *Exhortation sur les Cinq Plaies,* ms. IX, p. 378.

La merveille qui se passe alors est que Jésus-Christ prend le cœur de cette âme pécheresse et le met dans son Cœur et dans celui de son Père. Il voit une pauvre fille du Calvaire toute faible et misérable, néanmoins humble et confiante, qui s'approche de sa croix pour lui présenter son cœur, qu'il reçoit et fait entrer dans le sien ; il la rend le palais de ses délices, son bon plaisir et sa volonté. *Vocaberis voluntas mea,* en Isaïe. Il lui dit : « Tu seras appelée mon cœur et ma volonté. » Ainsi cette âme misérable, se convertissant de tout son cœur au Fils de Dieu, est reçue dans son Cœur divin et rendue sa volonté et le cabinet où il se plaît d'habiter. Toute la Trinité loge désormais dans cette âme, qui n'a plus d'autre habitation que le Cœur de Dieu. D'où s'ensuit une grande correspondance de ces deux cœurs, un souvenir perpétuel l'un de l'autre.

VII<sup>e</sup> Exhortation sur les Cinq Plaies,<br>ms. IX, pp. 382-383.

Mes filles, vous voyez clairement comme l'Église est sortie du Cœur du Fils de Dieu, ainsi qu'Ève sortit de celui d'Adam !

Mais il y a bien de la différence entre ces deux Adam. Car la côte du premier fut changée en une femme, il y eut une totale mutation. Il n'en est pas ainsi de notre second Adam. Encore qu'il nous ait ouvert son Cœur, il ne l'a pas changé. Mais il le communique, et, quoique son amour descende parmi nous, néanmoins il demeure toujours dans sa pureté, *absque peccato*.

Comment est-ce donc que Notre-Seigneur unit son Cœur aux nôtres? Ce n'est pas par union formelle, mais spirituelle; c'est par impression et transformation. Il imprime et grave sur nos cœurs sa charité, sa bonté et ses autres perfections et les réduit en sa manière.

*II<sup>e</sup> Exhortation des Cinq Plaies*, ms. XXI, f<sup>os</sup> 279-280.

Je veux dès le matin et toute ma vie, si je puis, me mettre au pied de la croix, imprimer dans mon cœur, bien mieux que sur un tableau, Notre-Seigneur crucifié, voir ses pieds et ses mains cloués et son Cœur ouvert.

*IV<sup>e</sup> Exhortation sur les Cinq Plaies*, ms. IX, p. 311.

— En quelle sorte le Fils de Dieu fait-il cette impression? — Par le feu. Vous savez que, parmi les choses matérielles, le feu a cela de propre de les unir et transformer. Ainsi Jésus avec le feu de son amour échauffe nos cœurs, y imprime sa ressemblance et nous transforme en lui. Et, tout ainsi comme la flamme est une exhalaison du feu, de même toutes nos âmes sont comme les exhalaisons qui sortent de cette divine fournaise, le Cœur du Fils de Dieu, et les flammèches qui volent de ce saint feu, duquel elles tirent leur subsistance. De sorte que nos âmes ont un continuel besoin d'être soutenues de Notre-Seigneur, comme la flamme ne peut subsister sans le feu. C'est pourquoi il est nécessaire, pour le soutien de leur être, qu'elles s'approchent le plus qu'elles peuvent de cette fournaise et y soient toujours unies par amour.

*II<sup>e</sup> Exhortation des Cinq Plaies,* ms. **XXI,** ff<sup>os</sup> 280-281.

Il n'y a point d'amour comparable à celui que le Fils de Dieu nous a témoigné en nous ouvrant son Cœur, comme nous levant le sceau de son amour. Le profit que vous en devez tirer, c'est en un mot que, pour entrer en ce Sacré-Cœur, il faut que vous l'aimiez uniquement, non d'une manière commune, mais de toute la plénitude de votre volonté, ôtant de vous tout ce qui est imperfection et produisant des effets d'un tel amour conformes à ceux qu'il a opérés en Notre-Seigneur.

*IX<sup>e</sup> Exhortation pour la retraite des dix jours*, ms. VII, pp. 358-359.

Une véritable illuminée dit : Jésus est la lumière qu'il faut suivre; il est la sagesse éternelle ; c'est notre livre de vie et notre modèle. Voyons ce qu'il a fait. Quoi de plus humble, simple et obéissant que lui? Quoi de plus crucifié, dénué, méprisé et tourmenté? Qui a jamais enduré avec une telle

douceur et patience? Quand nous considérerons tous ces exemples, cela sera bien capable
de dissiper nos ténèbres ! Car il ne faut qu'un
rayon sortant de son Cœur ouvert pour nous
faire surmonter cent mille diables. Il y a
plaisir à parler à une telle âme. Vous voyez
en elle le paradis.

*VIII<sup>e</sup> Exhortation pour la retraite des dix
jours*, ms. VII, p. 334.

Toute la pratique de l'âme qui veut habiter
dans le Cœur de Jésus consiste en trois
choses. La première est : *surge*, qu'elle
quitte la terre, le péché, fuit le monde, entre
en religion, où elle tâche de s'approcher de
Dieu, de se rendre agréable à lui, d'acquérir son amitié et l'habitude d'une conversation familière avec lui. En deuxième lieu,
elle lui montre sa face : *ostende faciem tuam*,
essaye de rendre sa conscience pure et de
s'avancer en la pratique de toutes les vertus.
Et, en troisième lieu, elle entre dans un état

plus parfait, tâche d'entrer plus avant dans le Cœur de Dieu, de se conformer à sa sainte volonté et de s'acquérir une plus grande familiarité avec lui. Elle a soin de ses affaires, de lui procurer sa gloire, autant que sa condition le peut permettre. Enfin elle se rend le plus conforme qu'elle peut à ce Cœur de Jésus crucifié. Mes sœurs, voilà à quoi vous appelle votre vocation, et, si vous n'êtes telles, vous portez en vain le nom des Filles du Calvaire, puisque vous n'en avez pas l'esprit.

*VII^e Exhortation pour la retraite des dix jours*, ms. VII, pp. 289-290.

Le dessein de Dieu est que vous entriez en son Cœur, que vous vous perdiez dans sa volonté, que vous vous conformiez à ses exemples et que, par l'initiative de Jésus crucifié, vous arriviez à la jouissance de Jésus glorifié, que par l'homme vous entriez en Dieu.

*VI^e Exhortation pour la retraite des dix jours*, ms. VII, p. 232.

Une âme simple, qui a quitté son amour-propre, qui aime son Dieu et lui veut être fidèle, elle est comme dans un paradis, parce qu'elle s'est lavée dans le sang de Notre-Seigneur et est entrée dans le sanctuaire, dans le Cœur de Dieu, où elle vit d'une vie céleste et divine. — Oh! mais il y a un peu de peine ! — Je crois bien. Notre-Seigneur en a bien eu d'autres pour nous sauver ! Nous sommes bien plaisants, pour parler franchement ! Nous avons peine de quitter le diable et nous guérir de notre ladrerie ! Une âme fidèle ne dit pas cela. Tant s'en faut qu'elle ne voulût point avoir de peine, qu'au contraire c'est ce qu'elle désire, afin d'être plus conforme à son Seigneur.

I<sup>re</sup> Exhortation sur le Saint-Sacrement,<br>ms. III, f<sup>o</sup> 774.

Il faut que l'âme, lavée et purifiée dans le sang du Fils de Dieu, change de demeure, qu'elle entre dans le Cœur de Jésus, qu'elle s'y cache et enferme, qu'elle ferme la porte au monde, afin de mener là-dedans une vie sainte et divine. Vous me demanderez : Qu'est-ce que cette vie-là ? — Qui le saura, si ce n'est vous et moi ? Nul ne sait ce que c'est, qui n'y est entré par pratique. Pour moi, je n'en puis bien parler, parce que je n'y suis point encore entré à cause de mes péchés. Tout ce que je vous en puis dire, c'est que, quand vous serez dans ce Cœur, il vous animera et vivifiera. On verra un grand changement dans les âmes ; elles seront toutes transformées en l'amour de Dieu.

*I<sup>re</sup> Exhortation sur le Saint-Sacrement,*
ms. III, ff<sup>os</sup> 775 v°-776 r°.


— Nous allons aux Matines, nous jeûnons, nous prenons la discipline et faisons toutes les autres choses de notre sainte règle. — Je sais bien que vous suivez vos exercices ; mais ce n'est pas assez. Je demande de vous bien davantage. Car toutes ces observances extérieures sont une mauvaise monnaie, si elles ne sont marquées au coin de l'amour et de l'impression du Cœur de Jésus-Christ.

*V*e *Exhortation sur les Cinq Plaies,* ms. IX, p. 332.

# VI

## Comment le Cœur ouvert de Jésus crucifié est la lumière de notre âme.

Par la passion du Fils de Dieu, par l'ouverture de son Cœur, de ses pieds et de ses mains, nous devons tous recevoir la lumière de la foi.

*IV*e *Exhortation sur les Cinq Plaies,*
ms. IX, p. 287.

A qui Notre-Seigneur laisse-t-il toucher son Cœur? A saint Thomas, un incrédule.

*III*e *Exhortation sur les Cinq Plaies,*
ms. IX, p. 271.

Encore que les saintes femmes eussent touché les plaies du Sauveur, et que tous les Apôtres l'eussent vu, pas un n'avait prononcé ces belles paroles : *Dominus meus et Deus meus*, jusqu'à ce que saint Thomas eût mis la main dans son Cœur.

*III<sup>e</sup> Exhortation sur les Cinq Plaies,*
ms. IX, p. 272.

Saint Thomas, encore qu'il fût si incrédule, néanmoins, portant son doigt dans le Cœur de Jésus, fut si illuminé qu'il proféra tout haut ces belles paroles : *Dominus meus et Deus meus.*

*III<sup>e</sup> Exhortation sur les Cinq Plaies,*
ms. IX, p. 269.

Je vous laisse à penser combien l'âme est heureuse, lorsqu'elle touche le Cœur de Notre-Seigneur, c'est-à-dire qu'elle joint sa pratique, désignée par le doigt, à ses connaissances. Elle vient à être remplie de la connaissance et de l'amour de son Dieu et d'une foi opérant les bonnes œuvres, qui est une foi bien puissante. Ainsi elle ne peut rien faire que par la charité. C'est cette foi dont parle saint Paul, la foi opérant par la charité.

*IIIe Exhortation sur les Cinq Plaies,*
· ms. IX, pp. 275-276.

Lorque vous serez dans ce nouveau logis, dans ce sacré cabinet du Cœur de Jésus, il vous arrivera des choses que vous n'avez point encore expérimentées. Votre volonté en a peut-être bien été touchée quelquefois, mais non si clairement et fortement qu'elle sera lors. *Ostendam tibi omne bonum*[1]. Dieu vous montrera tout bien et vous donnera l'accomplissement de tout ce que je vous dis.

[1] *Moyses ait : Ostende mihi gloriam tuam. Respondit Dominus : Ego ostendam omne bonum tibi.* — Exod., XXXIII, 19.

Votre volonté sera touchée d'un tel amour
de Dieu et se trouvera si fortement attachée
à lui, comme à son bien souverain, que
vous en serez inséparable. Bref, il vous
mettra dans la possession de lui-même. C'est
l'état des bienheureux au ciel.

*IX^e Exhortation pour la retraite des dix
jours*, ms. VII, pp. 367-368.

La seconde chose que Dieu donne à l'âme
qui est dans son Cœur, c'est que son intellect est éclairé des lumières célestes de la face
et présence de Dieu, qui lui apprend à faire
bonne oraison. « *Facies mea præcedet te*[1].
Ma face passera devant toi. » De la sorte cette
âme, qui ne pouvait être attentive à Dieu, se
trouve illustrée des rayons de sa face.

En paradis, le Sauveur montre sa face à
découvert, qui est sa nature glorieuse, d'autant
que la lumière de l'âme est assez forte

----

[1] Exod., xxx, 14.

pour la voir. Mais ici-bas il découvre son Cœur par les effets de son amour, et par lui il nous dispose un jour à voir sa divinité. Il veut voir aussi notre face par notre cœur. Il faut donc mettre notre cœur près de celui du Fils de Dieu pour connaître l'un par l'autre. Et lors la face de Jésus luira dans notre cœur, c'est-à-dire que ce rayon de la gloire sortira, du côté de Jésus, de l'amour qu'il nous porte et entrera en notre entendement pour nous faire connaître nos fautes, comme dit saint Paul (II Cor. IV), afin que nous ôtions de notre âme toutes les difformités cachées.

*IX. Exhortation pour la retraite des dix jours*, ms. VII, pp. 371-372.

La troisième chose qui vous arrivera, quand vous serez dans ce céleste palais du Cœur de Jésus, sera une connaissance claire et distincte, une approbation intérieure de

votre vocation. « *Vocabo te in nomine Domini*[1].
Je t'appellerai au nom du Seigneur. » Je
t'appellerai en telle sorte, illuminant ton
entendement et enflammant ta volonté, que
ton franc arbitre suivra ma vocation.

*IX*e *Exhortation pour la retraite des dix
jours*, ms. VII, p. 376.


Jésus nous logeant dans son Cœur, nous
verrons le souverain bien, puisque c'est le
centre de la divinité et où la Sainte Trinité
réside.

*IX*e *Exhortation pour la retraite des dix
jours*, ms. VII, p. 352.


Les âmes qui regardent attentivement dans
ce Cœur y découvrent de grands mystères.
Ce fut là que saint Jean apprit ce grand mys-

[1] Exod., XXXIII, 19.

tère d'amour qu'il nous déclare en son Évangile.

*VI<sup>e</sup> Exhortation pour la retraite des dix jours, ms. VII, p. 227.*

Dieu dit à Moïse : « Il y a chez moi un lieu, un cabinet fort retiré. En ce cabinet, il y a une pierre, et en cette pierre un pertuis, comme l'entr'ouverture d'une caverne ; je te mettrai là-dedans et, par cette fente ou lucarne, tu verras le jour de ma gloire, *ostendam tibi omne bonum*, je te montrerai tout bien et te ferai entendre ma voix, en sorte que tu connaîtras facilement qui je suis. *Facies mea præcedet te.* Ma face passera devant toi et tu suivras mes pas, je serai devant et toi après, car tu seras mon serviteur et je serai ton maître. *Vocabo te in nomine Domini.* Je t'appellerai au nom du Seigneur. » Voilà des promesses, dignes de Dieu, d'être notre guide, de nous faire connaître sa divinité, qui est le souverain bien, de nous appeler si fortement que nous ne puissions résister, et de nous mettre en lui-même.

Examinons ces paroles. Tu verras ma face, non comme elle se voit en la gloire, car cela ne convient pas à ton état; mais elle jettera tant de rayons et de splendeurs, qu'encore que tu n'en voies pas tous les traits et linéaments, comme l'on fait au ciel, néanmoins tu seras si éclairé que tu verras ma gloire suffisamment pour connaître la beauté de ma face. C'est-à-dire que vous autres, Religieuses, qui aspirez à la perfection du Calvaire, Dieu habitera dans vos cœurs ; vous le verrez, non comme en paradis, mais autant qu'il peut être vu en cette vie ; vous verrez et recevrez des lueurs et connaissances, des opérations et touchements véritables, qui vous assureront de sa présence, comme si vous le voyiez dans la gloire. Voilà ce que Dieu vous promet et à tous les chrétiens qui voudront prendre l'esprit du Calvaire, où Jésus crucifié nous sert de maître et de docteur.

D'ailleurs, il faut considérer qu'il n'y a qu'une chose à faire pour jouir de ce bonheur. Car Dieu ne dit point à Moïse : Fais ceci et cela, ainsi qu'il ne vous dit pas : Il faut que vous montiez au ciel, ni que vous soyez ravies, sachant bien votre impuissance. Car une pauvre âme encore imparfaite pourrait dire : Comment est-ce que moi, misérable, je pourrais entrer en cette sainte pierre, en ce Cœur de Jésus, qui est la fournaise d'amour et la porte du paradis, pour voir la face de Dieu et tous ses trésors ? Où irais-je chercher tout cela ? — Mais vous n'avez rien à faire, sinon vous laisser prendre de Dieu, afin qu'il vous mette où il lui plaira. Car il dit à Moïse : « *Ponam te in foraminibus petræ.* Je te prendrai, si tu veux te laisser prendre, et te mettrai dans cette caverne, » dans mon Cœur, dans la vraie perfection du Calvaire.

*IX<sup>e</sup> Exhortation pour la retraite des dix jours,* ms. VII, pp. 345-348.

Dieu vous mettra dans le Cœur de son Fils, où il vous montrera tout bien, vous fera voir sa gloire et vous découvrira sa face et se communiquera à vous pleinement, largement et abondamment, en sorte que vous vivrez contentes en cette vie, dans une grande espérance de votre salut.

*IX<sup>e</sup> Exhortation pour la retraite des dix jours*, ms. VII, p. 352.

D'où pensez-vous que procède le Saint-Esprit ? Ce n'est pas de l'entendement du Père et du Fils, mais de leur Cœur, de leur volonté. Il procède de ce Cœur de Jésus, non en tant qu'homme, mais en tant que Dieu. Jésus dit lui-même : « L'esprit qui procède de moi, qui vient de mon Cœur, lequel je vous enverrai de par mon Père, vous enseignera toute vérité. Il ne parlera point de par soi-même, mais il prendra du mien et vous l'annoncera. » Je voudrais que nous n'eussions jamais autre pensée qu'en ce Cœur de Jésus, puisque c'est en lui où est enclos tout notre bonheur. Car remarquez que nous n'avons pas une seule inspiration du Saint-Esprit qui ne procède du Cœur de Jésus. Et quand l'âme a bien cette connaissance, que tous les bons mouvements, inspirations, touchements de l'amour de Dieu, tout cela passe par le Cœur de son époux, de celui qui est tout son trésor, oh ! qu'elle les reçoit bien d'une autre manière et qu'ils font bien d'autres effets !

*II<sup>e</sup> Exhortation sur le Saint-Sacrement,*
ms. III, f<sup>o</sup> 784.

C'est Jésus-Christ qui est au centre de notre cœur, qui l'anime comme l'auteur de sa vie et de son mouvement, nous fait entendre un écho perpétuel qui se forme par le sifflement des bonnes inspirations que Dieu vous donne, auxquelles si vous vous rendez attentives, vous trouverez que le royaume de Dieu est au milieu de vous. Vous direz avec David : « *Deus cordis mei et pars mea in œternum.* O Seigneur, vous êtes le Dieu de mon cœur et ma part et mon héritage en toute l'éternité. » Saint Pierre, parlant de celles de votre sexe, dit qu'elles ont Jésus-Christ caché en leur cœur pour leur secret époux : *qui absconditus est cordis homo* [1]. O mes filles, voilà de grandes grâces, pensez-y bien. Il ne faut pas être grandes théologiennes pour comprendre cela.

*VIII*[e] *Exhortation sur les Cinq Plaies,* ms. IX, pp. 387-388.

*Qui ex Deo est verba Dei audit.* Celui qui est de Dieu entend ses paroles [2]. Dans ce cœur où habite Jésus-Christ, il y a comme un écho qui répond sans cesse aux inspirations de Dieu. A la communion, le Cœur de Jésus vient à produire des amours et des affections inexprimables dans cette âme qui, de sa part, y correspond par le retour d'un

[1] I Petr., iii, 4.
[2] Joann., viii, 47.

amour réciproque. Appliquez cela à tous vos exercices. Quelque part qu'elle aille, elle entend le Cœur de Jésus qui forme en son cœur des vérités éternelles qu'elle reçoit avec une approbation et correspondance qu'on ne saurait expliquer. A la conférence, cette âme se rend attentive, entend avec respect et touchement intérieur tout ce qui s'y dit. Une autre qui dort n'a garde d'entendre ce divin écho du Cœur de Jésus résonner dans son cœur.

Ce que je veux faire maintenant est de vous donner un écho qui vous fasse continuellement entendre la voix de Jésus au milieu de votre cœur, lequel écho n'est autre que le Cœur même du fils de Dieu, lequel, étant logé dans votre cœur, vous fera bien entendre de belles choses.

VII<sup>e</sup> Exhortation sur les Cinq Plaies,<br>ms. IX, pp. 385-386.

Au XLIII<sup>e</sup> de l'*Ecclésiastique*, il est dit que le soleil est une belle chose, qu'il brûle trois fois les montagnes parce qu'elles sont plus élevées et sans ombrage. Les âmes qui veulent aimer Dieu parfaitement sont comparées à ces montagnes, semblables à celle où le Fils de Dieu enseigna les huit béatitudes, qui sont le sommaire de la perfection. Or, sur ces âmes Dieu souffle des rayons de feu, *radios igneos exsufflans.* Disons que ces montagnes sont les saintes religions; c'est votre religion du Calvaire, si vous êtes telles que Dieu vous veut. Ces rayons, venant à darder sur les âmes, allument une grande fournaise d'ardeur pour les embraser, *fornacem custodiens in operibus ardoris.* Il veut, dans cette fournaise, y faire des œuvres d'ardeur.

Cette montagne, pour naïvement parler, fut le Calvaire où le Sauveur, brûlant d'amour, endura une mort ignominieuse et cruelle. Son Cœur divin, sa volonté enflammée sont cette fournaise dans laquelle Dieu darde ses rayons, c'est-à-dire que le Père se communique tout à son Fils. C'est ce que dit saint Paul, qu'en Jésus-Christ habite toute la plénitude de la divinité. Or, en la croix, tout cela agissait. Dans cette fournaise embrasée du Cœur du Sauveur se firent des œuvres d'ardeur. Notre salut a pris là sa naissance. La perfection de la Vierge, des Apôtres, des Martyrs et de toutes les saintes âmes, bref, toutes les grandes actions sont sorties comme œuvres d'ardeur de cette divine fournaise.

*IIIe Exhortation de la parfaite charité,*
ms. VIII, pp. 94-95.

Or, voyez, n'êtes-vous pas malheureuses, si aujourd'hui, étant sur cette montagne, vous ne voulez pas être enflammées ! Et pourquoi pensez-vous que Dieu vous ait toutes assemblées, sinon afin que vous soyez toutes des charbons ardents et brûlants dans cette fournaise du Cœur de votre époux, où Dieu vous darde continuellement les rayons de ses inspirations, comme des traits enflammés? Et que prétend-il par là, sinon de vous unir, de vous consommer toutes en un dans cette fournaise d'amour, sinon de faire en vous et par vous des œuvres d'ardeur pour le bien de son Église et de toutes les âmes, *fornacem custodiens in operibus ardoris?* Il veut avoir, il veut conserver sur cette montagne de la congrégation du Calvaire une fournaise d'ardeur, pour y produire des œuvres d'ardeur et pour en faire sortir des œuvres d'ardeur. Mes filles, je vous laisse à penser ce que cela requiert de vous et à quel honneur incomparable Dieu vous appelle.

III<sup>e</sup> Exhortation sur la parfaite charité,<br>ms. VIII, pp. 95-96.

Cette âme, au lieu de ces douceurs et consolations, ne ressent que des amertumes, des douleurs, afflictions et crucifixions de tous ses sens. Ce Cœur ouvert de Jésus-Christ quelquefois la pénètre et la brûle dans de cuisantes dérélictions, dont l'âme tire bientôt

au moins autant de profit, quand elle est
fidèle, que des douceurs et consolations.

*IX^e Exhortation sur les Cinq Plaies,* ms. IX,
p. 449.

# VII

**Combien le Cœur ouvert de Jésus crucifié paraît différent, selon qu'on le regarde de près ou de loin.**

« Touchez mes plaies, » dit le Sauveur. — Oh ! je les verrai de loin. — Cela ne suffit pas, il les faut toucher et sentir, comme dit saint Paul au II<sup>e</sup> des Philippiens : « *Hoc sentite in vobis, quod et in Christo Jesu.* » Cet attouchement, ce sont les bonnes inspirations et bons mouvements que Notre-Seigneur nous donne et qui font dire à l'âme : Ce n'est pas un fantôme que je sers, comme les Apôtres estimaient voir au commencement. Mais, depuis qu'ils eurent touché ces saintes plaies, ils furent tous ravis de joie et transformés en nouvelles créatures.

*IX<sup>e</sup> Exhortation sur les Cinq Plaies,*
ms. IX, pp. 269-270.

Entrez, mes filles, dans cette caverne du Cœur du Sauveur, puisque votre époux vous y semond par de si grandes prévenances d'amour. — Oh ! mais j'ai peur d'y entrer ! car je vois bien que c'est un abîme impénétrable, que d'entrer dans l'amour et conformité d'un Dieu crucifié. Je ne vois que délaissement, que pauvreté, mépris, renoncement, déréliction et mort. — A la vérité, c'est une grande chose que de se conformer à la vie et mort de Jésus et l'imiter en ce haut dessein de perfection qu'il a eu d'abandonner sa vie à la mort, pour plaire à son Père et extirper les péchés du monde.

Cette vie de conformité est bien éloignée des plaisirs des sens. L'on ne peut envisager cette caverne sans crainte et tremeur...

A qui donc est-ce que cette caverne fait peur ? C'est aux âmes qui regardent de près les plaies du Sauveur et entrent dans son Cœur. Celles qui ne tendent point à cette haute perfection n'ont garde de ressentir ces peines et ces affres. Elles se contentent de jeter une œillade le Vendredi Saint sur les douleurs du Fils de Dieu, et puis elles passent leur chemin, vont aux compagnies et se donnent du bon temps comme auparavant.

*VIe Exhortation pour la retraite des dix jours*, ms. VII, pp. 224-225.

Entrées dans cette sainte caverne du Cœur de Jésus, enfermées avec lui par une ferme volonté de lui plaire et de l'imiter, vous y êtes en deux manières : ou comme dans un paradis par une sainte jouissance, simple adhésion et union intime avec Dieu, dans un grand repos et facilité en la pratique des vertus; ou bien vous y êtes avec peine dans les sens, dérélictions, tentations; vous n'y voyez que le sang, les clous, les fouets, les épines et partout écrit en grosses lettres, qu'il faut mourir et donner jusqu'à la dernière goutte de son sang. J'avoue que cela est effroyable et donne de la terreur aux sens. Mais, entrez plus avant, vous verrez que cela opère dans le fond de l'âme une

grande tranquillité et résignation à la volonté
de Dieu.

*VIII^e Exhortation pour la retraite des dix
jours*, ms. VII, pp. 335-336.


Puisque nous parlons d'entrer dans une
caverne, j'aime mieux entrer dans celle du
Fils de Dieu qu'en celle de Satan, c'est-à-dire
faire plutôt la volonté de Dieu que celle du
diable, qui est de commettre le péché. Une âme
lâche dira : Celle du diable me semble si
belle ! Elle est toute tapissée et parsemée de
fleurs ; l'entrée est comme un paradis terrestre. Mais celle du Fils de Dieu me semble
si effroyable ! Je n'y vois que du sang, des
clous, des épines et des fouets, des privations
de ce qui flatte les sens. — Il n'en faut pas
juger selon l'apparence extérieure. Mais
entrez dedans et vous verrez combien elle
est agréable. Il est vrai que vous avez grand
peine à y entrer. Mais, quand vous serez
dedans, vous y trouverez le paradis, la

victoire des sens, la paix intérieure, la conversation familière avec Dieu. Bref, vous
jouirez de toutes sortes de consolations,
lumières et contentements spirituels dans
l'usage des sacrements et de l'oraison, et
commencerez à ressentir les avant-goûts de
la félicité éternelle.

*VIII° Exhortation pour la retraite des dix
jours*, ms. VII, pp. 329-330.

L'esprit de votre vocation est d'entrer dans
ce Cœur ouvert de Jésus crucifié, et ce qui
vous semble caverne à l'abord est le cabinet
de Dieu, où il vous parle face à face et sans
entre-deux. C'est où Notre-Seigneur vous
ouvre son Cœur et vous lui ouvrez le vôtre
et le lui montrez à nu avec pureté et simplicité.

*VIII° Exhortation pour la retraite des dix
jours*, ms. VII, pp. 323-324.

Cette caverne, ce Cœur de Jésus effraye à
l'abord. Cette pauvre colombe trouve cela

affreux. Mais, après, elle est bien étonnée. Pensant être dans une caverne obscure, hideuse et effroyable, elle trouve que c'est un paradis de délices spirituelles.

*VIIIe Exhortation pour la retraite des dix jours*, ms. VII, p. 321.

Quand une âme éclairée est une fois entrée dans le Cœur du Fils de Dieu, elle voit les choses tout autrement qu'elle ne faisait auparavant. Ce qui lui semblait épouvantable et impossible lui semble bien facile et converti en délices. Elle voit que tout le bonheur de cette vie consiste à être continuellement unie à Dieu, que tout son bonheur consiste à demeurer constante dans ce Cœur.

*VIe Exhortation pour la retraite des dix jours*, ms. VII, pp. 229-230.

Les âmes faibles et sans courage qui regardent de près cette caverne, quand elles voient cet abîme, elles s'enfuient. D'où procède cela? C'est qu'elles la considèrent par les sens. Mais les vraies colombes et épouses du Sauveur, quand elles ont conçu par la foi que cette entrée qui leur semble si affreuse est la porte du paradis de la vie éternelle, elles s'y précipitent avec contentement, s'estiment bien heureuses de se pouvoir, par ce moyen, séparer de leurs sens, imperfections, et quitter la caverne infernale.

*VI<sup>e</sup> Exhortation pour la retraite des dix jours*, ms. VII, p. 228.

Une bonne fille du Calvaire ne se doit pas contenter d'entrer dans ce Cœur, dans cette volonté. *Pertransibit,* il faut qu'elle aille au travers ; c'est-à-dire que son désir de perfection doit être si grand qu'elle passe au-delà de tout ce que Dieu demande d'elle. Il faut bien que nos effets soient bornés par l'obéissance et la discrétion, mais nos désirs doivent être infinis.

Lorsque l'on dit que le glaive de douleur a transpercé l'âme de la Mère de Dieu, cela se doit entendre qu'elle eut une volonté immense d'imiter son Fils et de compatir à ses souffrances, qu'elle ne trouva point de bornes dans sa sainte âme et passa au-delà de toute compréhension. Il faut qu'à son exemple votre amour vers Dieu surpasse votre intelligence.

Une âme bornée au dessein de la perfection ne fait pas ainsi. Elle dit : Je veux bien me tenir sur le bord de cette caverne. Mais je n'y veux pas mettre les deux pieds. Je veux un peu goûter si la vertu est bonne, avant que de la pratiquer. Et si je ne la trouve à mon goût, je la laisserai là. J'observerai les commandements de Dieu, mes règles et mes constitutions le mieux possible. J'irai jusque-là. Mais je ne passerai pas outre. J'aurai un pied dans le ciel et l'autre dans le monde. — N'est-ce pas être misérable? Je dis que telles âmes n'entreront jamais dans ce Cœur. Il faut y entrer tout à fait ou en demeurer entièrement forclos. Dès que l'on borne ses désirs, les pratiques s'en vont à rien. Dieu ne demande pas de nous des effets infinis, mais un amour sans limite. Il veut que nous l'aimions de tout notre cœur et que nous préférions son amour à toutes choses.

*VI[e] Exhortation pour la retraite des dix jours*, ms. VII, pp. 230-232.

# VIII

## Comment le Cœur ouvert de Jésus crucifié est le lieu de notre origine

Quand Dieu créa l'homme, il a poussé son haleine sacrée sur lui et l'a fait sortir de son Cœur.

> *I*ʳᵉ *Exhortation sur les Cinq Plaies*, ms. XXI, fᵒ 262.

Quand il a été question de créer l'homme, Dieu n'a pas employé seulement ses mains et ses pieds, mais aussi son Cœur, non son Cœur en lui-même, mais le souffle de son Cœur, sortant par sa bouche. Car il est dit au IIᵉ de la *Genèse : Et inspiravit in faciem ejus spiraculum vitæ.* Dieu ayant formé le corps de l'homme, il souffla sur lui l'esprit de vie. La version hébraïque porte : *spiraculum vitarum,* l'esprit des vies, c'est-à-dire qu'il lui donna la vie du corps et de l'esprit, de sorte que notre âme est une œuvre du Cœur de Dieu. C'est pourquoi il l'aime tant, et elle lui touche de si près qu'il est dit au VI^e de la *Genèse* que, l'homme ayant péché, Dieu se repentit d'avoir fait l'homme. Cela lui toucha jusqu'au Cœur ! *Et tactus dolore cordis intrinsecus.* Il fut dolent dans l'intime de son Cœur, et il se résolut d'envoyer le déluge pour punir et purifier le monde. Ce qui le fâcha, ce ne fut pas la perte des choses terrestres. Car, quand tout le ciel et la terre seraient abîmés, cela ne serait pas capable de le toucher, parce que ce n'est pas l'objet de son amour. Mais l'homme est tellement dans l'intime de son Cœur, que, lorsqu'il vient à pécher, cela lui fait mal au cœur, jusqu'à lui faire dire : « Il me déplaît d'avoir fait l'homme. Il faut que je le ruine ».

Cela, pour témoigner l'extrême aversion qu'il a du péché, laquelle n'est pas sensible, mais divine. Or, si Dieu, qui de sa nature est incapable d'émotion, est touché de la perte de nos âmes, je vous laisse à penser combien à plus forte raison le Cœur de Jésus a été pénétré de douleur, voyant nos péchés et ingratitudes, puisqu'il était si tendre et capable de souffrir en toutes manières.

*I*re *Exhortation sur les Cinq Plaies,*
ms. XXI. ffos 258-259.

Dès ce monde, Dieu nous donne le paradis, qui est son Cœur et son amour. L'origine de notre cœur est le Cœur de Dieu. C'est notre source, notre principe, notre centre, et jamais notre cœur ne peut être content qu'il ne retourne dans sa première origine.

*I*re *Exhortation sur les Cinq Plaies,*
ms. XXI, fo 259.

Quand les pieds de Jésus et ses mains ont été ouverts et nous ont versé le sang comme des fontaines, voici qu'il nous a ouvert son Cœur, qui est notre origine, afin que nous y retournions. Comme s'il disait aux chrétiens : Voilà mon Cœur, duquel je vous ai versé l'esprit de vie dans le paradis terrestre par un effort d'amour. Vous vous êtes moqués de mon haleine sacrée et avez abusé de mes grâces, vous en servant pour prendre les plaisirs de vos sens et votre propre satisfaction, et vous êtes rendus indignes des contentements célestes que je vous avais préparés. Or, maintenant, il n'est plus question que vous soyez dans un paradis ni dans un jardin de délices. Vous, âmes chrétiennes, il faut que vous quittiez tous les vains contentements, vous êtes filles d'un Dieu crucifié. Je ne veux pas vous donner la vie dans un jardin de délices, mais veux répandre sur vous mon esprit dans les clameurs, les larmes et les travaux de la croix, afin de vous émouvoir et réveiller votre langueur et que vous ne vous serviez plus de mes grâces pour suivre vos plaisirs et vivre mollement. Car, si vous voulez demeurer en vos péchés, vous mourrez sans pouvoir revivre. La vie que je vous ai donnée lors avec mon haleine, vous ne l'avez pas reçue. L'haleine n'est pas une chose visible. Aussi n'a-t-elle pas été suffisante pour faire que vous m'aimiez. Maintenant, je ne vous donne plus un souffle. Mais voilà mon Cœur même, que je vous ouvre après ma mort, afin que vous voyiez votre source et le lieu de votre naissance et que vous y retourniez et vous conformiez à celui qui vous a tant aimées. Lorsque vous considérerez comment je vous ai donné la vie et combien cela m'a coûté, vous serez forcées de m'aimer. Il faut qu'une âme soit bien méchante, traîtresse, folle et endurcie de dire : Je sais bien que Dieu m'aime et qu'il a pris tant de peine pour moi ; et avec tout cela je ne veux pas l'aimer. — Qu'aimerez-vous donc ? Le diable ? Car il faut aimer l'un ou l'autre.

*1re Exhortation sur les Cinq Plaies*, ms. XXI, ff°s 264-266.

Je vous ai fait voir comme Jésus nous ouvre son Cœur après sa mort, afin de nous montrer l'excellence de sa charité, le lieu de notre origine, et de nous obliger d'y retourner comme en notre centre.

*II^e Exhortation sur les Cinq Plaies*, ms. XXI, f^o 275.

C'est une belle pensée de saint Augustin, qui dit que, lorsque le Cœur de Jésus fut ouvert sur la croix, l'Église sortit de ce Cœur... Notre origine est le Sacré-Cœur de Notre-Seigneur. Mais sitôt que nous sortons hors de lui et que nous le quittons, perdant la grâce de Dieu, nous ne sommes plus membres de ce saint corps mystique, nous perdons cette vraie vie et nous ne saurions plus subsister, d'autant que nous sommes hors de notre centre.

*III^e Exhortation sur le Saint-Sacrement*, ms. III, f^o 796 v^o.

Selon les termes de la théologie, notre Sauveur Jésus n'est pas seulement l'auteur de la vie en tant que Dieu, mais aussi en tant qu'homme, non comme l'origine et première cause, mais comme la recevant de la divinité, à laquelle son humanité est jointe et unie hypostatiquement. C'est à ce sang et à ces plaies du Sauveur que nous devons la vie, puisque c'est par leur moyen que nous sommes sauvés... Ah ! que si nous savions quel Dieu nous servons, nous l'aimerions bien davantage que nous ne faisons !

> *III^e Exhortation sur les Cinq Plaies,*
> ms. IX, pp. 266-267.

Vous remarquerez, mes filles, deux belles excellences ou deux grands avantages de l'amour de Dieu dans les âmes qui reçoivent ces saintes flammes qui sortent du Cœur de Jésus par cette union de leurs cœurs au sien.

La première est que nos âmes tirent leur origine, leur subsistance, selon l'être de la grâce, de l'amour de Dieu, de ce Cœur de Jésus ouvert. C'est là où elles ont été premièrement engendrées. C'est ce que dit saint Jean au chapitre ive de sa première épître : « En cela est la charité, non point que nous ayons aimé Dieu, mais parce que lui nous a premièrement aimés. *In hoc est charitas : non quasi nos dilexerimus Deum, sed quoniam ipse prior dilexit nos.* » N'est-ce pas à nous une grande honte d'être si tardifs à l'aimer, vu même qu'étant hors de lui nous ne pouvons subsister en notre être ; nous n'avons ni joie, ni repos, puisque nous sortons de notre centre et de notre origine. C'est cette connaissance qui fait qu'une bonne âme se tient le plus près qu'elle peut de Notre-Seigneur, afin de correspondre à tous les traits de son amour.

En second lieu ce n'était pas assez que Dieu fût l'origine et l'auteur de notre âme. Mais il fallait encore qu'il nous en donnât la connaissance. Car un enfant ne peut aimer son père, s'il ne le connaît. C'est pourquoi Dieu nous a voulu ouvrir son Cœur, afin de nous montrer le lieu de notre origine, et cela si clairement que l'âme peut dire : Voilà mon centre, le lieu d'où je suis sortie et où il faut que je retourne, où je veux mettre ma pensée et toutes mes affections et souffrir de bon cœur pour celui qui a tant souffert pour moi.

*II° Exhortation sur les Cinq Plaies,* ms. XXI, f° 281.

C'est en vous, ô Jésus, que le souverain bien habite, lequel ne s'est jamais communiqué avec un accès plus familier et favorable que lorsqu'il vous a plu de nous ouvrir cette large porte du ciel dans votre Cœur.

*Méditation durant la Sainte Messe* pp. 185-186.

Jésus dévoile sa face céleste aux yeux de mon âme en laquelle il daigne venir et apporter tout le ciel, dont il me verse les trésors par l'ouverture de son Cœur, qui fait place au mien et doucement l'invite de s'approcher de lui pour y faire son éternelle résidence et y trouver le paradis.

*Méditation durant la Sainte Messe*, p. 198.

O Jésus, fils de Dieu, mon cœur s'envole à vous et ne veut point plier ses ailes, qu'il ne soit parvenu au sein de votre Père, où vous résidez éternellement comme le cœur et comme la personne qui tient le milieu de la Très Sainte Trinité.

*Méditation durant la Sainte Messe*, p. 194.

Vous nous montrez comme cette plaie du Cœur est une blessure d'amour, que vous soulagez en la découvrant à tous vos élus après votre résurrection en la présence des apôtres et leur faisant connaître le lieu de leur béatitude durant le triste exil de cette vie.

Hélas! où pourrait être ailleurs notre bonheur au milieu de tant de misères, sinon de nous conformer à vos volontés, de vous ouvrir nos cœurs, de vous aimer avec candeur et pureté, de vous aimer d'une charité cordiale, de vous aimer du fond du cœur, de nous unir à vous par une pensée et affection continuelles, comme si déjà nous conversions avec vous dans les lieux très hauts, où vous êtes assis à la droite de votre Père dans une pleine magnificence et domination suprême.

Mais, d'autant que ma condition mortelle ne me permet encore d'établir mon séjour en votre paradis, vous me le faites voir tout proche de mes yeux dans votre Cœur, le paradis des cœurs, où j'apprends qu'il n'y a rien de si heureux au monde que de souffrir pour votre amour et n'épargner aucun travail jusqu'à la mort, et au-delà de la mort, s'il était possible, pour rendre service

agréable à votre Père et pour entrer avec lui
et avec vous en l'unité d'une dilection sincère, fondée en la communauté de tous vos
biens.

Méditation durant la Sainte Messe,<br>pp. 186-187.

# IX

## Comment le Cœur ouvert de Jésus crucifié nous révèle l'excès de son amour

Les plaies des pieds et des mains de Jésus crucifié, voilà à la vérité des objets bien capables de délecter une âme. Mais, comme une personne qui se promène dans un beau jardin ne se tient pas pour satisfaite de voir plusieurs belles fontaines et canaux dans les divers parterres, si elle ne voit la source d'où procèdent toutes ces eaux ; ainsi, après que l'âme a contemplé tous les travaux, peines et souffrances que le Sauveur a endurés en sa vie et en sa mort et qu'elle a bien visité ses plaies les unes après les autres, elle se trouve incontinent éprise d'un désir excessif de voir la source d'où ces torrents de grâces se sont écoulés. Ç'a été pour nous donner cette satisfaction, que le Fils de Dieu a voulu que son Cœur fût ouvert après sa mort. Saint Bernard jugeait que le Sauveur avait voulu qu'on lui perçât le côté, afin de nous pouvoir dire, en nous le montrant : Voilà la source et l'origine de tous mes bienfaits et de ce que j'ai enduré pour vous. Voyez que ce n'a pas été par contrainte ou nécessité, mais par mon violent amour.

*VI[e] Exhortation pour la retraite des dix jours*, ms. VII, pp. 239-240.

L'âme se tient au pied de la croix, non seulement de la croix matérielle, ce qui est fort bon ; mais de là elle s'élève aux choses éternelles. Elle contemple ce Cœur ouvert dans lequel elle voit l'amour infini qu'il lui a porté et qui est la cause de cette ouverture, et comme par elle il lui ouvre tous ses trésors. D'où elle conclut : Puisque ce Dieu d'amour n'a rien épargné pour moi, je veux prendre tout mon contentement à l'aimer et ne tenir pour rien toutes les choses créées, renoncer à toutes mes passions et inclinations, les abhorrer de tout mon cœur pour l'amour de lui.

*Exhortation qui traite de l'amour de Dieu,* ms. IV, p. 69.

Encore que le Fils de Dieu ait été longtemps étendu sur la croix, néanmoins nous ne pouvions encore si bien voir l'extension de sa charité que lorsque son Cœur a été ouvert. C'est ce que veut dire saint Paul au premier des Éphésiens : « Dieu nous a montré le mystère de son amour, sa bonne volonté, *sacramentum voluntatis suæ*, le sacrement de sa bonne volonté. »

*II<sup>e</sup> Exhortation sur les Cinq Plaies,* ms. XXI, f° 278.

Le Cœur du Fils de Dieu fut ouvert en sa passion pour nous montrer et faire voir sa charité ardente et son esprit navré d'amour.

*III<sup>e</sup> Exhortation sur la Compassion,*
ms. XXI, f° 101 v°.


Le Sauveur n'eût pas pensé avoir accompli le mystère de son amour, de nous avoir ouvert seulement ses mains et ses pieds. Cela lui semblait peu, s'il ne nous eût encore donné son Cœur. Il a voulu qu'il fût ouvert après sa mort, pour nous faire voir comme il se donnait à nous sans réserve.

*V<sup>e</sup> Exhortation sur les Cinq Plaies,*
ms. IX, p. 340.


Les plaies des pieds et des mains de Jésus crucifié ne sont pas si grandes que celles du Cœur. Car, quoiqu'elles soient très dignes, le Cœur a toutefois quelque chose de plus :

il est le symbole de l'affection et les plaies,
des opérations. Dieu même préfère le cœur
à toutes choses. « Donne-moi ton cœur »,
dit-il à son épouse... A la vérité, le Fils de
Dieu nous a départi de grands bienfaits par
ses mains libérales ; il a employé sa
puissance à créer le ciel et la terre
pour nous, puis à nous donner l'être.
Il a voulu que ses pieds et ses mains fussent
percés pour nous, et, pour comble de ses
œuvres, il a donné sa vie pour notre salut.
Il semble qu'il ne pouvait aller plus avant.
Toutefois, nous pouvons dire que toutes ces
choses ne sont presque rien à l'égal de
l'amour infini par lequel il a subi la mort et
qu'il nous a témoigné en ouvrant son Cœur
après elle. Ç'a été par là qu'il nous a mani-
festé sa volonté éternelle de mourir mille fois
pour nous, s'il en eût été besoin. Mais cela
n'étant ni possible ni nécessaire, il souffre
par amour les mépris que nous faisons sans
cesse de lui et de ses grâces, qui lui sont bien
plus douloureux (d'une douleur d'aversion)
que les plaies et la mort que les Juifs lui ont

données. C'est comme une mort réitérée. Il n'y a rien de si sensible à un bon cœur, et surtout à celui du Fils de Dieu, que de voir que l'on ne se soucie pas de son amour. C'est le navrer à mort. Cependant, comme je vous viens de dire, il l'endure. Pourquoi? Parce qu'il conserve dans le ciel cette volonté de mourir pour nous, si c'était le désir de son Père, tellement il estime le reste peu de chose !

*VI<sup>e</sup> Exhortation pour la retraite des dix jours*, ms. VII, pp. 236-238.

Premièrement, je considère ce qui se passa dans le Cœur du Fils de Dieu et j'y vois cent mille merveilles. Mais, pour m'arrêter à quelque chose de particulier, je vois qu'il embrasse la mort de la croix avec grande joie, et que son amour est si excessif, qu'après sa mort, combien qu'il soit délivré de toutes ses peines et qu'il soit impassible et glorieux, néanmoins il voudrait encore plus souffrir

qu'il n'a fait, s'il était possible, et qu'il ne fut
nécessaire pour le salut des âmes.

*I<sup>re</sup> Exhortation sur la Compassion*, ms. XXI,
f° 83 v°.


Considérez le Cœur ouvert de Jésus, qui
se présente à vous tout liquéfié d'amour,
dans lequel Cœur vous voyez toutes ses
intentions, qui n'ont été autres que de vous
aimer, de prendre sur soi toutes les peines et
de vous donner tous ses bienfaits. Cela est
inexplicable, et pourtant il n'y a rien si efficace pour porter l'âme à l'amour de Dieu,
que de considérer la dilection incomparable
dont il nous a aimés. Si nous considérons
bien la cause pourquoi le Fils de Dieu nous
a tant témoigné d'amour par ses souffrances,
nous verrons un grand secret en l'Écriture,
que la plus grande peine que Dieu ait eue,
— non pas une peine sensible et corporelle,
car selon sa divinité il n'est pas capable d'en
ressentir — mais sa peine, aversion et

répugnance d'esprit, ç'a été qu'après tant de témoignages d'amour de sa part, tant de douleurs et de travaux soufferts à notre occasion, si peu d'âmes en devaient profiter et un si grand nombre, en abuser. Dieu dit : Il faut que j'évite d'être offensé par ces créatures. Mais pourtant je ne veux pas leur ôter la liberté ni les contraindre à m'aimer par force. Car l'amour doit être libre et volontaire ; autrement il n'est plus amour. Donc, je leur laisserai la liberté de me pouvoir offenser, afin que celles qui ne le feront pas, puissent mériter la grâce. Car, c'est par la liberté que les anges ont mérité le ciel. Ils ont été en état de pouvoir pécher, et, ne l'ayant pas fait, ils ont été confirmés en la jouissance de la félicité qu'ils possèdent sans en pouvoir jamais déchoir. Mais que ferai-je en l'endroit des âmes qui m'offensent? Les damnerai-je sans miséricorde? Non, dit-il, mais je veux mourir pour elles, je me vengerai de leurs offenses par tant d'excès de bonté et de témoignages d'amour, que je les contraindrai enfin par une douce vio-

lence à m'aimer, si elles n'ont pas le cœur
plus dur que le diamant. Au moins, y en
aura-t-il quelques-unes qui reconnaîtront
mes grâces, parmi le grand nombre de celles
qui demeureront insensibles. — En effet, Dieu
aime mieux être aimé des âmes prédestinées
et être offensé des âmes damnées, combien
que la perte de celles qui ne doivent parti-
ciper par leur faute au fruit de la rédemption
lui soit une peine inexprimable. Car je tiens
pour chose indubitable que sa plus grande
douleur en la croix et la plus véritable cause
de son délaissement fut la future damna-
tion de tant d'âmes qui se présenta alors à
son esprit. A la vérité, ces mystères sont
incompréhensibles. Saint Paul, après avoir
employé un grand temps à considérer
comment Dieu a permis que les uns fussent
damnés et les autres sauvés (car, excepté
quatre ou cinq lignes de l'*Épître aux*
*Romains*, il ne parle d'autre chose) s'écrie :
« *O altitudo divitiarum sapientiæ et scien-*
*tiæ Dei ! Quam incomprehensibilia sunt*
*judicia ejus et investigabiles viæ ejus ! O*

hautesse des richesses de la science et sapience de Dieu ! Ses jugements sont des abîmes qu'on ne saurait pénétrer ! »

V<sup>e</sup> Exhortation sur les Cinq Plaies,<br>ms. IX, pp. 341-343.

Ce Cœur Sacré nous montre comme Jésus est sans cesse tourné vers la peine. Il dit à l'âme : Veux-tu savoir pourquoi j'ai tant souffert et pourquoi mon Cœur a été ouvert? C'est que je suis tellement touché du désir de souffrir et pâtir pour toi, que mon amour ne se peut contenter des peines que j'ai souffertes durant ma vie ; mais, même après ma mort, il faut que je t'ouvre mon Cœur pour te faire voir mon affection ardente, et que volontiers je mourrais encore pour toi, s'il était nécessaire pour ton salut. — Ce doit être l'exercice d'une Fille du Calvaire d'entrer dans ce Cœur et de pénétrer profondément ce touchement de l'amour de Jésus vers elle...

Le Cœur de Jésus est comme ces petites
aiguilles de cadran touchées de la pierre
d'aimant qui ont cette inclination de regar-
der le nord, de sorte qu'elles sont en mouvement perpétuel, jusqu'à ce qu'elles s'y
soient tournées. De même, je dis que le Cœur
de Notre-Seigneur est tourné du côté du nord
ou septentrion, qui en l'Écriture est pris
pour signifier la souffrance. Ainsi, ce Cœur
de Jésus-Christ se tourne sans cesse du côté
de la peine. Vous ne voyez pas une action
dans sa vie qui ne soit accompagnée de ce
désir de prendre toute la peine sur soi, pour
nous en délivrer. Son Cœur divin est en pal-
pitation et agitation continuelles, même après
sa mort, pour nous verser une abondance de
grâces jusqu'à s'ouvrir pour s'écouler tout en
nous. Et, combien que cette ouverture du
Cœur de Jésus-Christ fût faite après sa mort,
son corps étant déjà privé de sentiment,
néanmoins son esprit, qui était vivant et
savait tout ce qui se passait, le ressentait et
prenait un plaisir infini de recevoir des coups
après sa mort, d'être fait le blanc où sem-

blaient tendre tous les traits de l'ingrate nature humaine.

*V<sup>e</sup> Exhortation sur les Cinq Plaies,* ms. IX, pp. 344-346.

Dieu eût pu dire : Eh bien, je mourrai une fois pour la nature humaine, mais après cela je ne veux plus qu'on m'offense ; les premiers qui m'offenseront, je les damnerai sans rémission. Mais il n'a pas parlé ainsi. Au contraire, il a voulu souffrir toutes nos indignités sans se plaindre et se lasser de pâtir. En quoi il nous montre ce mouvement d'amour infini de son Cœur vers la souffrance. Une âme, voyant cela, doit s'efforcer d'entrer dans les mouvements de ce divin Cœur de Jésus-Christ. Encore, dit-elle, que j'aie le cœur dur comme fer, encore faut-il que j'essaie de toucher mon cœur du même désir que celui qui est dans le Cœur de Jésus-Christ. L'aiguille du cadran est d'acier ; néanmoins, sitôt qu'elle est frottée de la pierre d'aimant, elle se tourne d'elle-même vers le nord, où l'aimant se porte. Ainsi puis-je espérer que mon cœur, étant uni au Cœur de mon Sauveur, pourra recevoir les impressions de ce Cœur et de son divin amour.

*V⁰ Exhortation sur les Cinq Plaies,*
ms. IX, pp. 346-347.

Le Cœur de Jésus en la croix est la source de notre vie. Il a voulu que son côté fût ouvert pour nous, afin de nous le laisser contempler à loisir, ainsi que dit saint Jean, lequel, rapportant en quelle manière se fit cette blessure d'amour, ajoute immédiatement après cette déclaration : « *Exivit sanguis et aqua.* Il en sortit sang et eau. » Et celui qui le vit en rend témoignage pour nous ôter tout sujet de douter de la vérité de ces paroles et afin qu'un si grand et incomparable excès d'amour ne nous semble point incroyable.

*II⁰ Exhortation sur le XII⁰ de Zacharie,*
ms. IV, p. 34.

Il n'en est pas entre Dieu et les âmes fidèles qui sont continuellement attentives à lui plaire, comme parmi nous. Car, bien que nous nous voyions les uns les autres, toutefois nous ne pouvons voir nos cœurs. Mais en la conversation continuelle avec Dieu nous jouissons de cet avantage de voir son Cœur, lequel il nous donne pour prendre connaissance de l'amour incomparable qu'il nous porte et pareillement des imperfections que nous commettons contre lui, et ce avec une telle clarté et un si grand discernement de tous les mouvements qui se passent en nous, bons et mauvais, qu'une âme qui a entrée et habitude en cette manière de récollection reconnaît jusqu'à ses moindres manquements et petits atomes de propre recherche, dont une autre ne s'aperçoit pas.

*II<sup>e</sup> Exhortation sur le XII<sup>e</sup> de Zacharie,*
ms. IV, p. 35.

Pour mieux entrer dans ce mystère du Cœur ouvert de Jésus, nous considérerons

un texte remarquable du psaume vingt-et-
unième, qui contient littéralement, presque
tout au long, l'histoire de la mort de Notre-
Seigneur et que lui-même récita en la croix,
pour faire voir qu'en lui s'accomplissait cette
prophétie. Or, entre les autres témoignages
de sa dilection incomparable qu'il déduit en
ce lieu, il dit cette parole du plus intime
amour que jamais, à mon avis, il ait pro-
fessé : « Mon cœur s'est liquéfié au milieu
de mes entrailles ainsi qu'une cire fondue ».

Or, d'où vient et comment se fait ce grand
écoulement du Cœur de notre Roi, fondu
comme une cire molle, sinon par quelque
violente chaleur ? Mais où peut-elle être plus
grande qu'en ce Fils unique de Dieu, soleil
de la divinité ? C'est lui qui nous a visités,
comme un beau jour naissant qui, pour
venir à nous, a passé par le milieu des
entrailles divines. Car le Verbe a pris sa
naissance dans le sein de son Père dès l'éternité et c'est de là qu'il est sorti, nous appor-
tant avec lui la charité dont est remplie la
fournaise du Cœur paternel.

C'est pourquoi celui de Jésus, dans lequel habita le Verbe, qui est la lumière éternelle, s'est distillé par la violence de ses rayons et s'est tellement répandu en toute cette humanité qu'il semble n'y avoir autre chose en elle qu'un cœur fondu. Car tout y est brûlant par le désir qu'il a de nous bien faire ; tout y est amolli par la compassion qu'il porte à nos malheurs, et tout y est coulant par l'effusion de ses largesses.

Mais voici le comble des merveilles. Il n'était pas facile qu'une même personne fût homme et Dieu et que ces deux natures si différentes logeassent en un même cœur. Il fallait pour cela une ardeur, une charité véhémente de la part de Dieu, un grand amollissement et une obéissance parfaite de la part de l'homme, comme d'une cire ployable sous la main de celui qui lui fait recevoir la figure du sceau qu'il y imprime. Ainsi, selon la mesure incompréhensible de l'amour dont la divinité embrase l'âme du Sauveur, son corps se fond dans le feu des souffrances, d'où il arrive que nous voyons tant d'ouvertures, tant de plaies, tant de sang répandu et son Cœur s'écoulant dans ses saintes entrailles.

•De manière que, par ce Cœur ainsi entr'ouvert, apparaît excellemment aux yeux de notre foi la charité que Dieu nous porte. Et comment pourrions-nous mieux connaître cette libéralité du divin amour vers le genre humain, que de voir le Cœur de celui qui est Dieu et homme se fondre pour nous dans le brasier d'une passion très cuisante et, par le comble de sa plénitude, verser sur nous cette précieuse liqueur qui ruissela de son côté après son trépas, pour nous apprendre que la mort ne finissait pas les désirs continuels qu'il avait eus durant sa vie de nous communiquer ses grâces plus intimes et les plus riches trésors de son Père ?

*Méditation durant la Sainte Messe*, pp. 124-127.

## X

## Comment le Cœur ouvert de Jésus crucifié est le droit chemin du ciel.

Mes filles, ayons donc ce beau chemin du ciel ouvert, ce Cœur du Sauveur. Entrons-y, *accedamus*, comme dit saint Paul[1], ayant confiance d'entrer ès lieux saints. Entrons-y *per carnem*, par la chair et le sang de Jésus-Christ, qui est un chemin nouveau et vivant. L'apôtre compare ce Cœur ouvert du Sauveur à la porte par laquelle on entrait dans

[1] *Habentes itaque, fratres, fiduciam in introitu sanctorum in sanguine Christi, quam initiavit nobis viam novam et viventem per velamen, id est, carnem suam. Accedamus cum vero corde in plenitudine fidei.* Hebr. X, 19-22.

le sanctuaire, d'autant que c'est par son Cœur, qui est un chemin vivant, qu'il nous conduit à la vie éternelle.

*I^re Exhortation sur la Communion,*
ms. III, f° 773-4.

*Ego sum ostium.* Par ces paroles Notre-Seigneur nous montre qu'il est notre bon pasteur et la porte par laquelle nous devons passer, si nous voulons avoir l'entrée en la divinité. Mais spécialement il faut que nous passions par la plaie de son Cœur.

*IV^e Exhortation sur la Communion,*
ms. III, f° 805 v°.

Que signifiait le voile qui recouvrait la porte du saint des saints ? Saint Paul et saint Jean, qui sont les deux grands chambellans de Notre-Seigneur, nous l'ont levé. Il nous représentait la chair du Fils de Dieu, laquelle, comme un voile, nous cachait sa divinité, de sorte que nous avions de belles choses, mais nous ne les voyions pas. Voici donc saint Jean qui nous lève ce rideau et nous dit : « J'ai vu ce Cœur de Jésus ouvert, oui, assurément, croyez-moi, je l'ai regardé de mes propres yeux... » Et saint Paul dit : « Nous sommes entrés dans les lieux saints par le sang de Jésus-Christ, par le voile de la chair du Sauveur. » Auparavant qu'elle fût ouverte, nous ne voyions qu'un homme. Mais, maintenant que son Cœur est ouvert, nous avons une ouverture pour entrer dans le sanctuaire. C'est là notre voie et notre chemin, nous n'en avons point d'autre. De sorte que ç'a été par la mort du Fils de Dieu que ce voile nous a été levé.

*VI<sup>e</sup> Exhortation sur les Cinq Plaies*,
ms. IX, pp. 357-358.

Quand je vois de bons religieux ou chrétiens qui sont sages, mortifiés, et tâchent de se conformer autant qu'ils peuvent à l'image de Notre-Seigneur, j'ai bonne espérance que ces gens-là seront sauvés. Alors ils seront bien conformes, quand leurs cœurs logeront en celui de Jésus-Christ, vivant dans sa sainte volonté. Ils seront en bon état pour passer en l'autre vie.

X<sup>e</sup> *Exhortation sur les Cinq Plaies*, ms. IX, p. 473.

Mes filles, Dieu vous a mises en un heureux état où vous pouvez abréger votre chemin et imiter en terre la vie des anges au ciel. C'est de cette voie abrégée que parle saint Paul aux Hébreux, lorsqu'il dit que le Fils de Dieu nous a ouvert une voie vivante par le voile, *initiavit nobis viam novam et viventem per velamen.* Le voile dont parle l'apôtre n'est autre que les plaies du Sauveur ouvertes sur la croix, où les âmes fidèles sont introduites dans une vie toute céleste et angélique. Il met le voile de son Cœur ouvert pour un moyen de notre conversion et sanctification. Aussi en est-ce la cause et le principe. Car c'est par ce canal d'amour que s'écoulent vers nous toutes les grâces de Dieu. Quand vous aurez été fidèles d'entrer en ma mort par une vraie imitation de mes vertus, dit le Fils de Dieu, je vous ferai entrer en ma vie ressuscitée et glorieuse.

*II<sup>e</sup> Exhortation sur le X<sup>e</sup> de l'Apocalypse*, ms. VIII, pp. 360-361.

Où est-ce, mes filles, que vous voulez faire votre équipage, prendre votre robe nuptiale, vos richesses, vos beaux atours, et mettre ordre à vos apprêts pour l'heure de la mort, quand il vous faudra comparaître devant Dieu ? Allez dans le Cœur du Fils Dieu. Habitez-y bien pendant votre vie et vous y trouverez tout. C'est ce saint Cœur d'où il faut partir pour aller dans l'autre monde. Si nous y sommes bien conformes pendant notre vie, alors nous serons bien reçus. Nous aurons le fruit de la prédestination éternelle par la glorification. Alors nous ferons un bon voyage, mes filles. *Ibimus in splendore,* nous irons en la splendeur de la face de Dieu. C'est pourquoi, derechef, je vous dis : Habitez continuellement en ce Cœur. En cela tout est compris.

X⁰ *Exhortation sur les Cinq Plaies,* ms. IX, pp. 473-474.

Habacuc dit : « *In luce sagittarum tuarum ibunt, in splendore fulgurantis hastæ tuæ.* Ils chemineront en la lumière de tes flèches et en la splendeur de ta lance foudroyante comme l'éclair. » Seigneur, lorsque vous prendrez en main votre lance foudroyante, alors les flèches sortiront comme d'un carquois et s'étendront partout. Lorsque vous-même, Père Éternel, vous vous servirez de la main d'un bourreau pour percer le Cœur de votre Fils, non comme auteur du mal, mais employant pour votre gloire et notre salut la méchanceté humaine, et viendrez à enfoncer votre lance dans ce Cœur divin, alors les flèches flamboyantes, savoir toutes les âmes prédestinées, sortiront de ce Cœur, elles marcheront toutes ensemble. Et où iront-elles ? — A la gloire. — Qui marchera le premier ? — C'est Notre-Seigneur, comme étant le premier et le chef des prédestinés, ainsi que dit saint Paul au premier des Éphésiens. Depuis qu'il eut reçu ce coup de lance, il n'a fait qu'aller et venir. Dès aussitôt, son corps fut mis de la croix au sépulcre, et son âme alla aux limbes, où étaient les saints Pères, pour les en délivrer. De là elle vint au sépulcre, d'où il ressuscita glorieux. Puis, il fut quarante jours conversant avec les apôtres, leur apparaissant diverses fois et leur parlant du royaume de Dieu, comme il est dit. Après, il monta au ciel, d'où il leur envoya le Saint-Esprit, pour qu'ils commençassent à prêcher l'Évangile par toute la terre, et en la suite tant de saints personnages qui ont été en divers lieux pour convertir le monde.

Voilà comme l'ouverture de ce Cœur de

Jésus est le commencement de toutes les missions. C'est ce que dit saint Paul : « Le Fils de Dieu nous a dédié et ouvert un chemin nouveau et vivant par le voile, c'est-à-dire par sa chair, par son Cœur ouvert. *Initiavit nobis viam novam et viventem per velamen, id est, carnem suam.* » Auparavant on allait bien, mais c'était en enfer et non en paradis ; car, depuis le péché d'Adam, il avait toujours été fermé. Voilà donc maintenant ce grand chemin ouvert, comme vous diriez le grand chemin de Paris à Lyon. Ainsi ce Cœur est le droit chemin du ciel.

A la vérité, on peut encore aller en enfer ; mais il faudrait être bien fou, ayant un si beau chemin du ciel ouvert. *In luce sagittarum tuarum ibunt,* ils marcheront en la lumière de ta lance. C'est donc de ce Cœur ouvert de Jésus que sont sorties toutes les troupes de prédestinés, les armées de saints martyrs et toutes les saintes congrégations, de façon que voilà la carrière ouverte. Il n'y a plus qu'à courir au but de la vie éternelle.

Si vous considérez Notre-Seigneur depuis son Incarnation et en toute sa vie, ce ne sont que voyages jusqu'à ce qu'il soit monté au ciel, où saint Jean, au XIIIe de l'*Apocalypse*, nous montre qu'il va et vient, puisqu'il dit que les vierges le suivent partout où il va. Ne vient-il point à nous? Oui, il y vient au Saint-Sacrement, par lequel il demeure avec nous sur l'autel. Et même quelquefois il apparaît visiblement aux saintes âmes, ainsi qu'il est dit au IXe des *Actes*, qu'il est apparu plusieurs fois à saint Paul.

Après cela, mes filles, demeurerons-nous encore en notre propre amour? Ne prendra-t-il point envie à ma sœur telle et telle d'en sortir et de suivre Notre-Seigneur en la vie apostolique. L'une dira : Moi, à cause que je suis trop jeune ou trop imparfaite, je ne veux être supérieure ni officière ; je voudrais bien être en un coin. Ce n'est pas là être missionnaire. Il faut s'en aller. *Ibunt.* Une fille qui fait sa petite obédience, une jardinière, tourière, portière, cuisinière, une pauvre sœur converse, ce sont autant de missionnaires. On m'ôte du séminaire ou bien l'on m'envoie en quelque autre lieu? J'irai gaiement prêcher la gloire de Dieu par bons exemples. Si chacune est à son office, si les sœurs converses chérissent leur condition et l'ordre où Dieu les a mises, tout cela est remplir l'office des anges, qui ne font autre chose que servir Notre-Seigneur dans les emplois où il les met. Voilà une Fille du Calvaire qui se lève le matin. Aussitôt qu'elle est éveillée, elle entre dans le Cœur de Jésus, se disant que tous les jours sa première pensée sera de ce Cœur, où elle s'enferme pour toute sa vie; puis elle fait sa première démarche, s'en va en sa mission, selon son obédience. Elle veut demeurer toujours en ce Cœur; si par fragilité elle en sort, promptement elle y rentre. Ces âmes-là sont missionnaires du Cœur de Dieu. On enverra une pauvre sœur sur sa couche, peut-être pour toute sa vie; elle y va, ne voulant que ce que Dieu veut. Voilà une bonne missionnaire. Une autre n'aura point d'obédience. Si elle s'étudie à donner bon exemple, c'est encore une missionnaire. Or, toutes ces missionnaires doivent partir du Cœur de Notre-Seigneur. Et, sortant de là, oh! qu'elles iront bien! *Ibunt in luce.* Elles chemineront en lumière, d'autant qu'elles auront en leur cœur les sagettes de l'amour de Dieu.

*VIII*e *Exhortation sur les Cinq Plaies,*
ms. IX, pp. 400-405.

## XI

## Les deux banquets du Cénacle et du Calvaire.

Je vous parlerai de la sainte communion, non en la manière que l'on fait aux âmes communes, mais comme à des âmes qui tendent à une plus haute perfection et qui doivent avoir de plus hauts desseins de s'unir à Dieu intimement par le moyen de la sainte communion. Aussi ce que je vous dirai, je ne l'inventerai pas de ma propre tête, je le prendrai tout dans l'Écriture. Je me servirai d'un texte approprié à l'état des Filles du Calvaire qui combattent sous l'étendard de la croix, tellement que l'on dirait qu'il aurait été mis pour elles. Ce passage sur

lequel je désire fonder mon discours sera
pris d'Isaïe, où il est dit que Notre-Seigneur
fera sur une montagne un convive, un banquet de choses grasses : *Faciet Dominus
in monte hoc convivium pinguium, convivium vindemiæ, pinguium medullatorum,
vindemiæ defecatæ* [1], dans lequel banquet il
donnera à manger la moelle de l'agneau le
plus gras, le plus tendre et le plus délicat
qui ait jamais été, et à boire du vin le
meilleur et le plus clair qui soit jamais bu,
du vin épuré au dernier point, sans la lie,
qui sera la mère goutte, c'est-à-dire comme
le premier vin qui sort du pressoir sans
contrainte, qui est toujours le plus pur et le
plus clair. Et en cette montagne le Seigneur
précipitera la mort jusqu'à l'éternité, *præci-
pitabit mortem in sempiternum*. Il se trouvera que la mort et toute sa puissance sera
précipitée par la force et le pouvoir de celui
qui habite sur cette montagne.

Par là il se voit que cette montagne en

---

[1] Isaïe, XXV, 6.

laquelle le Fils de Dieu nous a préparé ce banquet si rare et si précieux est le Calvaire, puisque c'est par la victoire de sa passion et de sa mort que la mort — c'est-à-dire le péché — a été précipitée, que sa puissance et son pouvoir ont été détruits.

Sur cela vous pouvez me demander s'il n'y a point d'autre banquet que celui du Calvaire et si ce n'est pas au Cénacle, où le le Fils de Dieu a institué le Saint-Sacrement, que cet excellent banquet nous est préparé. Y a-t-il donc un autre banquet sur la croix? — A cela je vous puis dire que c'est bien au Cénacle du mont de Sion que le Saint-Sacrement a été institué. Mais ce banquet de Sion n'a été que comme la préparation et l'entrée de table de celui qui s'est accompli au Calvaire. Car ce n'est rien faire de se trouver à l'un, si l'on ne se trouve encore en l'autre. Si vous ne faites profit de celui du Cénacle, vous ne pouvez pas profiter de celui du Calvaire, ni même y assister. Et la raison pourquoi il y a tant de personnes qui se présentent au premier, font la communion et n'en tirent aucun profit, c'est qu'elles ne veulent pas goûter du second ; elles ne comprennent pas que la réception du Saint-Sacrement est pour les fortifier dans le combat de leurs imperfections, dont elles obtiennent la victoire sur le Calvaire par le mérite de la passion du Sauveur.

Or, pour mieux vous faire comprendre le rapport et la connexité qu'il y a entre ces deux banquets du Cénacle et du Calvaire et comme l'un sert d'entrée à l'autre, nous vous dirons qu'au Cénacle Notre-Seigneur a fait son banquet en secret, devant un petit nombre de personnes ; mais en celui du Calvaire, c'est à huis ouvert, solennellement, et en présence de tout le monde : y vient qui veut. En celui de Sion, la victoire n'était pas encore gagnée, ce n'était que la préparation au combat, la table n'était pas encore ouverte. Mais en celui de Calvaire, Notre-Seigneur a ouvert la table, et non seulement il a déclaré la bataille, mais en outre il a remporté la victoire sur la mort et le péché, qui, comme nous disions tantôt, y ont été précipités. Au banquet de Sion, on mangea son corps sous des formes étrangères et mystiques. Mais au Calvaire, nous voyons son corps tout à découvert, l'agneau occis y est brûlé dans le feu de son amour et sert de nourriture aux âmes pour les fortifier en la vie nouvelle qui s'acquiert par la mort. Il est vrai que l'on n'y mange pas son corps par une façon sanglante, mais l'on s'y repaît de son Cœur, de manière que le banquet du Calvaire est le Cœur ouvert du Fils de Dieu ; c'est son amour et sa volonté qu'il nous donne pour nous nourrir et sustenter ; c'est ce dont il veut que nous nous repaissions, comme les aigles qui ne se nourrissent que des cœurs. Ainsi faut-il qu'en la communion nous ayons ce dessein principal de manger ce Cœur du Fils de Dieu, et d'être faits une même chose avec lui par l'union et transformation de notre volonté en la sienne. Aussi, sans cela, communiez tant qu'il vous plaira ; si vous ne mangez ce Cœur, si vous ne transformez votre amour, votre volonté dans celle du Fils de Dieu, dont le Cœur est le symbole, vous n'accomplirez pas les desseins qu'il a en se donnant à vous, vous ne tirerez pas de profit de la communion et le banquet de Sion ne vous servira de rien, si vous ne venez à celui du Calvaire.

C'est une chose fort connue que là où il y a quelque corps mort, les aigles s'y assemblent soudain pour en choisir le cœur. Ainsi, le Fils de Dieu étant mort sur la croix, tous les aigles, c'est-à-dire toutes les âmes ferventes et fidèles, signifiées par les aigles, viennent à s'assembler pour de tout ce corps en choisir le Cœur. Vous voyez comme saint Jean, l'aigle des apôtres, s'approche de ce corps sur le Calvaire, pour se repaître de ce Cœur ouvert du Fils de Dieu. Et d'où vient qu'il a parlé plus hautement des mystères divins et des secrets de l'amour du Sauveur que tous les autres Évangélistes? C'est qu'il avait puisé cette science dans ce Cœur; il s'arrêtait principalement à le considérer et pénétrait les mystères qui y étaient cachés. Dès la Cène, quand Notre-Seigneur institua le Saint-

Sacrement, il se reposa sur son Cœur divin, sur sa poitrine sacrée, *supra pectus Domini in cœna recubuit*, comme si dès lors il eût senti l'odeur de cette viande divine qui lui était apprêtée pour le banquet du Calvaire, où il remarque si soigneusement ce Cœur ouvert et jette ses yeux d'aigle avec tant d'avidité et de désir de s'en repaître. Lui seul entre tous les autres apôtres a eu ce privilège de se trouver présent lors de la Passion et d'être témoin oculaire de ce qui se passa. Il en parle amplement en son chapitre XIXᵉ, où il dit qu'il a vu le Cœur ouvert, d'où il sortit du sang et de l'eau, et a ajouté : « *Et qui vidit testimonium perhibuit*, et celui qui l'a vu en a rendu témoignage. » Comme s'il eût voulu nous dire : C'est chose tout assurée, puisque celui qui l'a vu en a rendu témoignage ! « Et nous savons que son témoignage est véritable, *et scimus quia verum est testimonium ejus*, afin que vous aussi le croyiez et soyez confirmés en la foi de ce mystère. » Toutes ces paroles nous témoignent encore l'attention très spéciale avec laquelle il considéra cette ouverture du Cœur du Fils de Dieu, puisqu'il remarque si soigneusement toutes les particularités et circonstances qui s'y rencontrèrent, et, après, il s'élança dans ce Cœur ouvert par un ardent désir de se transformer et être fait même chose avec lui.

Donc, sondez bien chacune le fond de votre cœur, pour voir si vous êtes bien résolues d'ôter de vous ce qui déplaît au Fils de Dieu, si vous êtes en volonté d'aimer Dieu éperduement, sans borne et sans limitation quelconque, si vous faites la communion avec ce dessein de vous repaître de ce Cœur de Notre-Seigneur, de vous transformer en sa volonté et en son amour. Car il nous l'ouvre, afin que nous y entrions et voyions en lui son ardente charité, dont son Cœur est la source, et le désir qu'il a eu de souffrir pour nous, non seulement durant sa vie, mais encore après sa mort. Il semble bien, en effet, qu'il nous veuille dire par l'ouverture de son Cœur : Si je pouvais encore mourir mille fois pour vous, si cela était expédient pour votre salut, je le ferais encore. Et, pour gage de cette franchise et sincère volonté vers nous, il nous ouvre son Cœur et nous le donne, afin de nous en nourrir et sustenter. Car ce Cœur ouvert du Fils de Dieu est une viande d'amour dont les bonnes âmes se repaissent, et même dans le ciel les bienheureux ne vivent d'autre chose que de l'amour. C'est pourquoi, lorsque vous faites la communion, que vous assistez au banquet de l'Eucharistie, vous devez vous ressouvenir du banquet qui vous est préparé sur le Calvaire, où le Fils de Dieu vous donne son Cœur, et communier avec ce dessein de vous nourrir de ce Cœur. Ainsi tirerez-vous un vrai profit de la sainte communion.

I<sup>re</sup> Exhortation sur le Saint-Sacrement,<br>ms. III, ff<sup>os</sup> 739 v°-742 r°.

On dit que le propre des aigles est de se repaître des cœurs. Quand ils voient des corps morts, ils se jettent toujours sur le

cœur, comme étant la partie la plus noble.
Vous voyez aussi comme saint Jean (lequel
en l'Écriture est comparé à l'aigle) se repaît
partout du Cœur de son Roi. Soit au Cénacle
ou au Calvaire, il s'est toujours adressé à
cette divine source. Il n'est pas sitôt sorti de
la sainte Cène, en laquelle il s'était reposé
sur le Cœur de Jésus, qu'il s'en va le voir au
Calvaire découler de sang et d'eau. Il a été
le plus attentif de tous les apôtres à considérer ce Cœur. Aussi ne trouvons-nous point
qu'aucun d'eux en fasse mention, sinon lui.
De sorte, mes filles, que, si nous sommes
vrais enfants du Calvaire, si nous assistons au pied de la croix avec la Vierge et
saint Jean, nous nous repaîtrons aussi avec
eux de ce Cœur divin.

II<sup>e</sup> Exhortation sur la Communion,<br>
ms. III, f<sup>o</sup> 779 v<sup>o</sup>.

Quand le Sauveur tous les jours dit aux
chrétiens ces paroles qui nous témoignent

un amour admirable : « Voilà mon corps,
voilà mon sang que j'immole pour votre
salut », ne devraient-ils pas répondre, plus de
cœur et par les œuvres que de la bouche :
« Voilà mon corps, mon Dieu, voilà mon
sang que j'abandonne à votre volonté, avec
honte de vous avoir si mal traité, lorsqu'il
vous a plu de vous abandonner à la mienne.
Quelle est votre volonté, Seigneur, sinon de
dégager mon âme et mon corps de la servi-
tude du diable, pour les combler de gloire
quand je m'approche de votre Cœur ouvert,
la source dé ma vie, afin de recevoir les torrents de vos grâces ? Voilà mon corps, mon
Dieu, voilà mon sang. Épuisez mes veines
de ce sang corrompu. Otez de moi cette
fausse vie, cette vigueur et activité du péché,
remplissez-moi de la chaleur de votre esprit.
Je veux communier comme si je me trouvais
au pied de votre croix, tout prêt à quitter
les vaines prétentions du monde et à passer
en vous par la plaie sacrée de votre Cœur.
Je ne veux plus avoir autre demeure. Je ne
veux plus survivre que pour souffrir avec

vous. Car ce n'est pas assez de prendre cette
viande eucharistique pour y chercher notre
satisfaction, bien qu'elle soit spirituelle. Mais
alors seulement nous en avons l'effet avec
plénitude, quand, après nous être reposés
sur le sein du Sauveur comme saint Jean
dans le Cénacle de Sion, nous le suivons au
Calvaire avec ce bien-aimé disciple, nous
l'assistons comme lui jusqu'à la mort et
entrons par la vive foi et un amour pénétrant
dans le plus profond de cette poitrine sacrée,
pour y méditer, avec ravissement et désir
d'une sainte imitation, que, comme les
aigles se nourrissent des cœurs, son Maître
et lui se les donnent pour mutuelle nourriture.

Méditation durant la Sainte Messe,<br>pp. 94-97.

Étant donc auprès de l'autel, prêt à communier, je me mets en esprit au pied de la
croix, où je contemple mon Sauveur, duquel

le sang découle de toutes parts et s'épand
sur moi pour me purifier, et je prends un
vrai dessein de changer de vie. Mais je ne
me contente pas de cela. Car je veux entrer
dans ce Cœur de Jésus, qui est comme une
porte, laquelle nous sépare des choses de la
terre et nous donne entrée dans une nouvelle
vie.

I<sup>re</sup> Exhortation sur la Communion,<br>
ms. III, f° 773 r°.

Je veux en communiant quitter entièrement
mes sentiments, comme si j'étais près de
passer dans l'éternité. Je ne puis me cruci-
fier et me tuer, mais il faut que ce soit une
mort mystique. Il faut que j'entre dans le
Cœur de Jésus crucifié, qui est la porte de
ce sanctuaire, comme dit saint Paul, c'est-à-
dire qu'il faut entrer dans le dessein de son
parfait amour.

I<sup>re</sup> Exhortation sur la Communion,<br>
ms. III, f° 773 r°.

Quand je communie, je veux que ce soit avec dessein de quitter toutes les affections et plaisirs du monde pour entrer dans le ciel, et, d'autant que je ne le puis à présent, je veux au moins entrer dans le paradis de la grâce, dans le Cœur de Jésus.

*I<sup>re</sup> Exhortation sur la Communion,* ms. III, f° 772, v°.

Ce n'est pas le tout de faire la communion pour recevoir les grâces de Dieu. Car vous n'y sauriez correspondre pleinement, si vous ne joignez votre cœur et votre amour à celui du Fils de Dieu. Pour profiter de ces grâces, il faut s'unir au Fils de Dieu, dévorer son Cœur et s'en nourrir.

*Exhortation sur le Saint-Sacrement,* ms. III, f° 748 r°.

Je ne prétends pas seulement vous faire faire ce banquet eucharistique dans le saint

Cénacle, mais aussi sur le Calvaire, dans le Cœur de Notre-Seigneur. Vous ne sauriez, mes filles, avoir une plus belle salle ni être nourries d'une meilleure viande que ce Cœur de Jésus, par lequel nous avons entrée dans son amour et la possession de la divinité.

*I*[re] *Exhortation sur la Communion*, ms. III, f° 779 r°.

# XII

## Le Cœur de Jésus et le cœur de saint François

O Cœur très pur, c'est donc vous qui avez touché si vivement le cœur de saint François et de tous les vrais disciples de ce grand saint! Combien de bons offices vous lui rendez tout à la fois, exerçant toutes les fonctions des parties plus nobles d'où lui peuvent couler les faveurs de son cher Seigneur! Car, vous êtes en lui une bouche miraculeuse, qui nous parlez en vous taisant, n'y ayant point de paroles plus animées pour nous persuader que le Père éternel nous a aimés, que les plaies de son cher Fils, qui meurt pour notre amour, puisque le Fils est le Cœur de son

Père, et que nous pouvons voir et toucher l'un en l'autre comme à l'œil et au doigt.

C'est vous aussi, Cœur sacré de Jésus, qui êtes la douce mamelle qui nous verse le lait nourrissant de la vie céleste. Vous nous épanchez l'eau du saint Baptême et de la Pénitence, pour la rémission de nos péchés. Vous nous donnez à boire le sang salutaire où nous puisons, comme en la source, toutes les délices du ciel. Puisque nous sommes le corps mystique de Jésus, n'est-ce pas de vous, ô saint Cœur, que procèdent le principe de notre vie et le commencement de notre mort ? N'êtes-vous pas notre premier vivant et notre dernier mourant ? C'est vous qui nous donnez les mouvements de vivre selon l'esprit de Dieu et de mourir au faux être de la nature corrompue. Et, après avoir fait que votre cher François meure à soi-même, vous l'avez rempli de l'esprit et de tous les plus grands effets de la perfection séraphique. Car, n'est-ce pas en quoi les séraphins excellent, qu'étant purgés, illuminés et perfectionnés par le divin amour, ils exercent ces nobles fonctions vers les autres anges? N'est-ce pas vous aussi, Cœur de Jésus, fournaise du divin amour, qui avez purifié l'esprit de votre bien-aimé François par vos flammes ardentes? N'est-ce pas vous qui l'avez rendu lumineux, puisque vous êtes un bel œil plus clair mille fois qu'un soleil, et qui lui avez enseigné d'illuminer le monde par la haute doctrine du pur amour et de la croix victorieuse qu'il a reçue de vous, la bouche et l'oracle du paradis.

C'est ainsi que saint François acquit et nous montra le moyen d'acquérir la perfection séraphique, qu'il enferma le trésor de toutes nos sciences dans le Sacré-Cœur de Jésus crucifié et dans l'affection ardente de l'aimer de toutes les forces de notre corps, animé par l'esprit de vie, qui ne peut résider en nous sans opérer la mort de tout ce qui n'a point de part à l'immortalité, comme est le faux être de notre amour-propre, l'ennemi opposite de l'amour séraphique.

Explication mystique sur la règle du<br>séraphique Père S. François, pp. 287-289.

# TABLE DES MATIÈRES

# LIBRAIRIE GERMAIN ET G. GRASSIN

HISTOIRE DU SÉMINAIRE D'ANGERS, DEPUIS SA FONDATION EN 1659 JUSQU'A SON UNION AVEC SAINT-SULPICE EN 1695, de GRANDET, publiée par G. LETOURNEAU, P. S. S., supérieur du Grand-Séminaire d'Angers. — Deux vol. grand in-8°. — Prix  15 »

HISTOIRE DU SÉMINAIRE D'ANGERS, DEPUIS SON UNION AVEC SAINT-SULPICE EN 1695, JUSQU'A NOS JOURS, par G. LETOURNEAU. — Un vol. grand in-8°. — Prix . . . . . . . . . . . . . . . . . 5

LES SAINTS PRÊTRES FRANÇAIS DU XVIIe SIÈCLE, par GRANDET. Ouvrage publié par G. LETOURNEAU. *Première série.* — Un vol. grand in-8°. — Prix . . . . . . . . . . . . . . . . . 4 »
— *Deuxième série* (Oratoire, Saint-Lazare, Saint-Nicolas du Chardonnet, Saint-Sulpice). — Un vol. grand in-8°. Prix . . . 4 »
— *Troisième série* (Prêtres angevins). — Un vol. grand in-8°. 4 »

LES DEGRÉS DE LA VIE SPIRITUELLE, *Méthode pour diriger les âmes suivant leurs progrès dans la vertu*, par l'abbé A. SAUDREAU. *Deuxième édition.* Deux volumes in-12, — Prix . . . . . . 7 »

HISTOIRE DE LA R. M. MARIE SAINTE-CÉCILE ET DE LA CONGRÉGATION DES DAMES DE L'ORATOIRE D'ANGERS, par l'abbé E. RONDEAU. — Un vol. in-12. — Prix. . . . . . . . . 2 50

UN PRIEURÉ DE FONTEVRAULT AU XIXe SIÈCLE, par l'abbé G. CHALUBERT. — Prix net. . . . . . . . . . . . . . . . 1 25

MOIS DE NOTRE-DAME ANGEVINE, par l'abbé F. GOUPIL. *Deuxième édition.* — Un volume in-18. — Prix. . . . . . . . . . 1 50

NOUVEAU MOIS DE NOTRE-DAME ANGEVINE, par l'abbé F. GOUPIL. — Un vol. in-18. — Prix. . . . . . . . . . . . . . . 1 50

L'ÉGLISE D'ANGERS PENDANT LA RÉVOLUTION ET JUSQU'EN 1870, par l'abbé BOURGAIN, — Un vol. grand in-8° de 422 pages. 5 »

MANUEL DU CATÉCHISTE OU EXPLICATION LITTÉRALE, DOGMATIQUE ET MORALE DU CATÉCHISME DU DIOCÈSE D'ANGERS, par l'abbé J. AMIRAULT. — Deux volumes in-12. — Prix. 6 »

L'INSTRUCTION PRIMAIRE AVANT 1789 DANS LES PAROISSES DU DIOCÈSE ACTUEL D'ANGERS, par le Chanoine Ch. URSEAU. — Un vol. in-12 de VIII-346 pages. — Prix . . . . . . 3 »

ÉTUDE SUR L'INSTRUCTION PRIMAIRE AVANT 1789 DANS LE DIOCÈSE D'ANGERS ; documents inédits, 1re série, par le Chanoine Ch. URSEAU. — Un vol. in-8°. — Prix. . . . . . . 1 50

SAINT MARCOUL OU MARCULPHE, ABBÉ DE NANTEUIL ; *sa vie, ses reliques, son culte à Corbeny, Charray, Archelange, Bueil, Notre-Dame du Pré au Mans, et à Notre-Dame d'Angers*, par l'abbé Charles GAUTIER. — Prix. . . . . . . . . . . . . » 50

NOTICE HISTORIQUE SUR LA MAISON DES RÉCOLLETS DE DOUÉ-LA-FONTAINE, par l'abbé CRÉTON. — Une broch. in-12. . . 2 50

L'ABBÉ GRUGET, CURÉ DE LA TRINITÉ D'ANGERS, *sa paroisse, son diocèse, son temps*, 1751-1840, par le Chanoine PORTAIS. — Un vol. in-8°, orné d'un portrait en héliogravure. — Prix. 4 »

NOTRE-DAME DE BÉHUARD ET SON PÈLERINAGE, par l'abbé DUBREIL. — In-8°, orné de 4 photogravures. — Prix. . . 1 »

www.ingramcontent.com/pod-product-compliance
Lightning Source LLC
LaVergne TN
LVHW021131200726
843510LV00001B/55